ⓠ 왜 공부력을 키워야 할까요?

쓰기력

정확한 의사소통의 기본기이며 논리의 바탕

연필을 잡고 종이에 쓰는 것을 괴로워한다!
맞춤법을 몰라 정확한 쓰기를 못한다!
말은 잘하지만 조리 있게 쓰는 것이 어렵다!
그래서 글쓰기의 기본 규칙을 정확히 알고
써야 공부 능력이 향상됩니다.

어휘력

교과 내용 이해와 독해력의 기본 바탕

어휘를 몰라서 수학 문제를 못 푼다!
어휘를 몰라서 사회, 과학 내용 이해가 안 된다!
어휘를 몰라서 수업 내용을 따라가기 어렵다!
그래서 교과 내용 이해의 기본 바탕을
다지기 위해 어휘 학습을 해야 합니다.

독해력

모든 교과 실력 향상의 기본 바탕

글을 읽었지만 무슨 내용인지 모른다!
글을 읽고 이해하는 데 시간이 오래 걸린다!
읽어서 이해하는 공부 방식을 거부하려고 한다!
그래서 통합적 사고력의 바탕인 독해 공부로
교과 실력 향상의 기본기를 닦아야 합니다.

계산력

초등 수학의 핵심이자 기본 바탕

계산 과정의 실수가 잦다!
계산을 하긴 하는데 시간이 오래 걸린다!
계산은 하는데 계산 개념을 정확히 모른다!
그래서 계산 개념을 익히고 속도와 정확성을
높이기 위한 훈련을 통해 계산력을 키워야 합니다.

세상이 변해도
배움의 즐거움은
변함없도록

시대는 빠르게 변해도
배움의 즐거움은
변함없어야 하기에

어제의 비상은
남다른 교재부터
결이 다른 콘텐츠
전에 없던 교육 플랫폼까지

변함없는 혁신으로
교육 문화 환경의 새로운 전형을
실현해왔습니다.

비상은 오늘, 다시 한번
새로운 교육 문화 환경을 실현하기 위한
또 하나의 혁신을 시작합니다.

오늘의 내가 어제의 나를 초월하고
오늘의 교육이 어제의 교육을 초월하여
배움의 즐거움을 지속하는 혁신,

바로, 메타인지학습을.

상상을 실현하는 교육 문화 기업 비상

메타인지학습
초월을 뜻하는 meta와 생각을 뜻하는 인지가 결합된 메타인지는
자신이 알고 모르는 것을 스스로 구분하고 학습계획을 세우도록 하는
궁극의 학습 능력입니다. 비상의 메타인지학습은 메타인지를 키워주어
공부를 100% 내 것으로 만들도록 합니다.

완자

공부력

초등 국어
맞춤법 바로 쓰기 2A

초등 국어 맞춤법 바로 쓰기
단계별 구성

📖 1A와 1B에서는 소리와 글자가 다른 낱말을 익혀요!

1A	1B
1. 받침이 뒤로 넘어가서 소리 나는 말 ㄱ~ㅆ 받침이 있는 낱말	**1. 닮은 소리가 나는 말** [ㄴ], [ㄹ], [ㅁ], [ㅇ]으로 소리 나는 낱말
2. 받침이 한 소리로 나는 말 [ㄱ], [ㄷ], [ㅂ]으로 소리 나는 받침이 있는 낱말	**2. 글자와 다르게 소리 나는 말** 거센소리가 나는 낱말, 뒷말이 [ㅈ], [ㅊ]으로 소리 나는 낱말, [ㄴ]이나 [ㄹ] 소리가 덧나는 낱말, 사이시옷이 있는 낱말
3. 된소리가 나는 말 된소리 [ㄲ], [ㄸ], [ㅃ], [ㅆ], [ㅉ]으로 소리 나는 낱말	**3. 자주 틀리는 겹받침이 쓰인 말** ㄳ, ㄵ, ㅄ, ㄼ, ㄺ, ㄶ, ㅀ 등 겹받침이 있는 낱말
4. 어려운 모음자가 쓰인 말 ㅐ, ㅔ, ㅒ, ㅖ, ㅘ, ㅝ가 들어간 낱말	**4. 어려운 모음자가 쓰인 말** ㅢ, ㅚ, ㅟ, ㅙ, ㅞ가 들어간 낱말

초등 기초 맞춤법 원리와 헷갈리는 낱말을 배우고,
문장 쓰기와 받아쓰기를 하며 쓰기 실력을 키워요!

📖 2A와 2B에서는 헷갈리는 낱말과 자주 잘못 쓰는 낱말을 익혀요!

2A	2B
1. 소리는 같아도 뜻이 다른 말 '같다 | 갖다'부터 '바치다 | 받히다'까지 같은 소리가 나지만 뜻이 다른 20개 낱말	**1. 소리는 같아도 뜻이 다른 말** '반드시 | 반듯이'부터 '짓다 | 짖다'까지 같은 소리가 나지만 뜻이 다른 20개 낱말
2. 모양이 비슷해서 헷갈리는 말 '긋다 | 긁다'부터 '부시다 | 부수다'까지 글자의 모양이 비슷한 20개 낱말	**2. 모양이 비슷해서 헷갈리는 말** '세다 | 새다'부터 '되-돼 | 뵈-봬'까지 글자의 모양이 비슷한 22개 낱말
3. 뜻을 구별해서 써야 하는 말 '가르치다 | 가리키다'부터 '-장이 | -쟁이'까지 뜻을 구별하기 어려운 12개 낱말	**3. 뜻을 구별해서 써야 하는 말** '여위다 | 여의다'부터 '이따가 | 있다가'까지 뜻을 구별하기 어려운 12개 낱말
4. 잘못 쓰기 쉬운 말 '설거지, 며칠'부터 '기다란, 나는'까지 맞춤법을 모르면 틀리기 쉬운 12개 낱말	**4. 잘못 쓰기 쉬운 말** '담가, 잠가'부터 '안, 않-'까지 맞춤법을 모르면 틀리기 쉬운 12개 낱말

특징과 활용법

하루 4쪽 공부하기

✳ 헷갈리는 낱말을
그림과 뜻을 보며
배우고, 확인 문제를
풀며 익혀요.

✳ 배운 낱말이 들어간
문장을 직접 써 보며
쓰기 실력을 키워요.

✅ 책으로 하루 4쪽 공부하며, 초등 쓰기력을 키워요!

✅ 모바일앱으로 공부한 내용을 복습하고 몬스터를 잡아요!

공부한 내용 확인하기

모바일앱으로 복습하기

앱 다운받기

책 인증하기

✳ 그날 배운 내용을 바로바로, 또는 주말에 모아서 복습하고, 다이아몬드 획득까지! 공부가 저절로 즐거워져요!

✳ 단원 평가 문제, 받아쓰기 문제, 실력 확인 문제를 풀며 공부한 내용과 자기의 실력을 확인해요. 💡

차례

1

소리는 같아도
뜻이 달라요

2

모양이
비슷해서
헷갈려요

3

뜻을 구별해서
써야 해요

4

이렇게 써야
맞아요

우리도 하루 4쪽 공부 습관!
스스로 공부하는 힘을
키워 볼까요?

큰 습관이
지금은 그 친구를 이끌고 있어요.
매일매일의 좋은 습관은 우리를 좋은
곳으로 이끌어 줄 거예요.

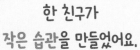

한 친구가
작은 습관을 만들었어요.

매일매일의 시간이 흘러
작은 습관은 큰 습관이 되었어요.

1 소리는 같아도
뜻이 달라요

01 같다 / 갖다

같다

바지와 신발의 색깔이 같다.

서로 다르지 않다. 차이가 없다.

 쓰기

같	다

갖다

내 몫의 케이크를 갖다.

손에 쥐고 있거나 몸에 지니다.

 쓰기

갖	다

〔 눈으로 확인해요 〕

○ 바른 낱말을 골라 ✔표를 하세요.

1 친구와 나는 나이가 (　　　).

☐ 같다　　☐ 갖다

2 동생이 예쁜 우산을 (　　　).

☐ 같다　　☐ 갖다

3 친구가 축구공을 (　　　) 왔다.

☐ 같고　　☐ 갖고

4 누나와 나는 (　　　) 학교에 다닌다.

☐ 같은　　☐ 갖은

문장을 완성해요

○ 그림을 보고, 바른 낱말을 골라 문장을 완성하세요.

1

같은	갖은
친구	산다.
동네	나

2

같고	갖고
동생	장난감
재미있게	놀았다.

깊다 / 깁다

깊다

강물이 매우 깊다.

겉에서 속까지의 거리가 멀다.

 쓰기

깊	다

깁다

옷에 난 구멍을 깁다.

해어진 곳에 조각을 대거나 맞붙여 꿰매다.

 쓰기

깁	다

〔 눈으로 확인해요 〕

○ 바른 낱말을 골라 ✔표를 하세요.

1 호수가 크고 (　　　).

☐ 깊다　　☐ 깁다

2 구멍 난 양말을 (　　　).

☐ 깊다　　☐ 깁다

3 찢어진 옷을 (　　　) 입다.

☐ 깊어　　☐ 기워

4 뿌리가 (　　　) 나무는 튼튼하다.

☐ 깊은　　☐ 깁는

[문장을 완성해요]

○ 그림을 보고, 바른 낱말을 골라 문장을 완성하세요.

1

깊은   깁는

들어간다.   바닷속

해녀

2

깊다.   깁다.

엄마   떨어진

인형 머리

02 낮다 / 낫다

낮다

의자보다 책상이 낮다.

아래에서 위까지의 길이가 짧다.

✏️ 쓰기

낫다

수학보다 국어가 성적이 낮다.

더 좋거나 앞서 있다.

✏️ 쓰기

【 눈으로 확인해요 】

○ 바른 낱말을 골라 ✔표를 하세요.

1 담장이 (   ).

☐ 낮다   ☐ 낫다

2 도시보다 산속 공기가 (   ).

☐ 낮다   ☐ 낫다

3 책상이 (   ) 작아서 불편하다.

☐ 낮고   ☐ 낫고

4 삼촌은 더 (   ) 회사를 찾고 있다.

☐ 낮은   ☐ 나은

문장을 완성해요

그림을 보고, 바른 낱말을 골라 문장을 완성하세요.

1

낮아서   나아서

오르기   산   좋다.

2

나은   낮은

골랐다.   과일 가게

사과   제일   상태

느리다 / 늘이다

느리다

나무늘보는 행동이 느리다.

행동이 빠르지 못하다.

 쓰기

느 리 다

늘이다

고무줄을 늘이다.

원래보다 길어지게 하다.

 쓰기

늘 이 다

〔 눈으로 확인해요 〕

◯ 바른 낱말을 골라 ✓표를 하세요.

1 짧은 가방끈을 길게 (　　　).

☐ 느리다　　☐ 늘이다

2 동생은 나보다 걸음이 (　　　).

☐ 느리다　　☐ 늘이다

3 거북이가 (　　　) 기어가고 있다.

☐ 느리게　　☐ 늘이게

4 키가 자라서 바짓단을 (　　　) 입다.

☐ 느려　　☐ 늘여

문장을 완성해요

○ 그림을 보고, 바른 낱말을 골라 문장을 완성하세요.

1

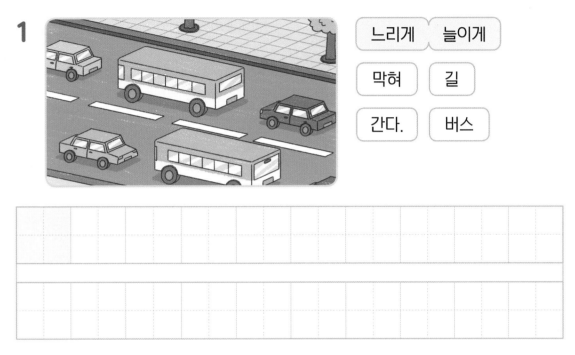

느리게 　늘이게

막혀 　길

간다. 　버스

2

느려서 　늘여서

머리끈 　친구

머리 　나 　묶었다.

03 닫히다 / 다치다

닫히다

바람이 불어 문이 닫히다.

문이나 뚜껑이 닫아지다.

 쓰기

닫	히	다

다치다

넘어져서 무릎을 다치다.

부딪치거나 맞거나 하여 몸에 상처가 생기다.

쓰기

다	치	다

눈으로 확인해요

◯ 바른 낱말을 골라 ✓표를 하세요.

1 학교 교문이 (   ).

☐ 닫히다   ☐ 다치다

2 칼질을 하다 손을 (   ).

☐ 닫히다   ☐ 다치다

3 (   ) 창문을 활짝 열다.

☐ 닫힌   ☐ 다친

4 야구를 하다가 팔을 (   ).

☐ 닫혔어   ☐ 다쳤어

문장을 완성해요

정답 112쪽

○ 그림을 보고, 바른 낱말을 골라 문장을 완성하세요.

1

닫힌　다친

뚜껑　꽉　힘

열다.　줘서

2

닫힌　다친

제비　흥부

고쳐 주었다.　다리

담다 / 닮다

담다

포도를 그릇에 담다.

어떤 물건을 그릇 속에 넣다.

 쓰기

닮다

나는 아빠와 닮다.

무엇과 비슷한 모양이나 성질을 지니다.

 쓰기

【 **눈으로** 확인해요 】

○ 바른 낱말을 골라 ✔표를 하세요.

1 물병에 물을 (　　　　).

☐ 담다　　☐ 닮다

2 아이가 부모의 태도를 (　　　　).

☐ 담다　　☐ 닮다

3 밥그릇에 밥을 조금 (　　　　) 주다.

☐ 담아　　☐ 닮아

4 다람쥐와 청솔모는 생김새가 (　　　　).

☐ 담았다　　☐ 닮았다

◎ 그림을 보고, 바른 낱말을 골라 문장을 완성하세요.

1

담는다. 닦는다.

상자 오이 농부

2

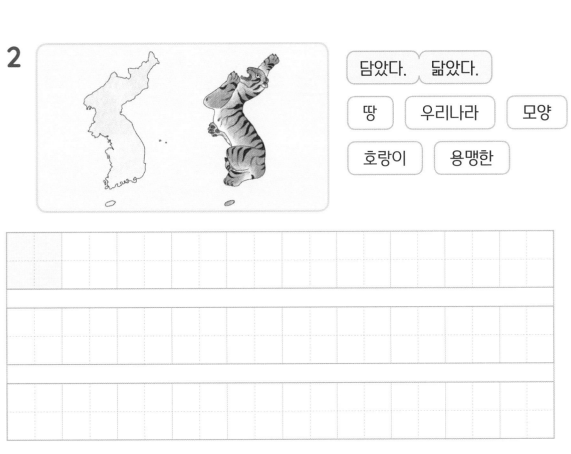

담았다. 닦았다.

땅 우리나라 모양

호랑이 용맹한

04 덥다 / 덮다

덥다

날씨가 덥다.

몸으로 느끼기에 기온이 높다.

 쓰기

| 덥 | 다 |

덮다

이불을 덮다.

무엇을 씌우거나 가리다.

 쓰기

| 덮 | 다 |

【 눈으로 확인해요 】

○ 바른 낱말을 골라 ✔표를 하세요.

1 한여름이라 무척 (   ).

☐ 덥다   ☐ 덮다

2 날이 추워서 담요를 (   ).

☐ 덥다   ☐ 덮다

3 집 안이 (   ) 창문을 열었다.

☐ 더워   ☐ 덮어

4 냄비 뚜껑을 (   ) 불을 켰다.

☐ 덥고   ☐ 덮고

문장을 완성해요

○ 그림을 보고, 바른 낱말을 골라 문장을 완성하세요.

1

덥고 덮고

사막 비 않는다.

내리지 잘

2

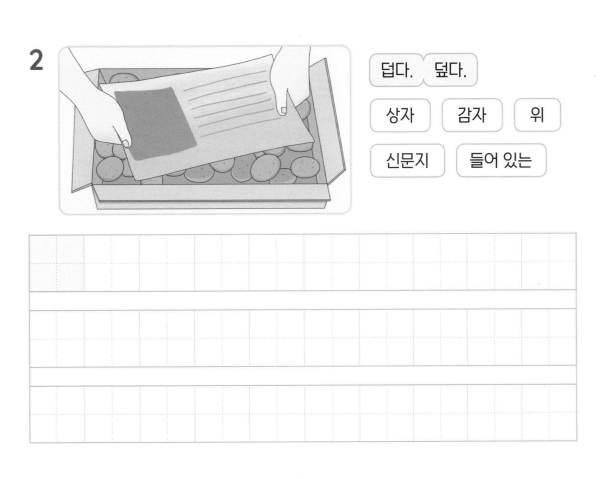

덥다. 덮다.

상자 감자 위

신문지 들어 있는

띄다 / 띠다

띄다

머리띠가 눈에 띄다.

눈에 보이다.

 쓰기

띄	다

띠다

단풍이 붉은빛을 띠다.

어떠한 빛깔을 지니거나 나타내다.

 쓰기

띠	다

[눈으로 확인해요]

◉ 바른 낱말을 골라 ✔표를 하세요.

1 표지판이 눈에 (　　　).

☐ 띄다　　☐ 띠다

2 토마토가 빨간색을 (　　　).

☐ 띄다　　☐ 띠다

3 금빛을 (　　　) 모래를 만지다.

☐ 띈　　☐ 띤

4 소화기는 눈에 잘 (　　　) 곳에 둔다.

☐ 띄는　　☐ 띠는

문장을 완성해요

◎ 그림을 보고, 바른 낱말을 골라 문장을 완성하세요.

1

띄었다.　띠었다.

지자　해

붉은빛　하늘

2

띤다.　띈다.

빨간색　멀리서도

눈　우리 집　지붕

 05 맞다 / 맡다

맞다
답이 맞다.

틀리지 않다. 서로 어긋나지 않고 같다.
 쓰기

맡다
반에서 반장을 맡다.

어떤 일에 대한 책임을 지다.
 쓰기 맡 다

【 눈으로 확인해요 】

◎ 바른 낱말을 골라 ✔표를 하세요.

1 선생님 말씀이 (   ).

☐ 맞다   ☐ 맡다

2 공연에서 주인공을 (   ).

☐ 맞다   ☐ 맡다

3 내 답이 (   ) 기분이 좋다.

☐ 맞아서   ☐ 맡아서

4 삼촌은 축구 감독을 (   ) 있다.

☐ 맞고   ☐ 맡고

[문장을 완성해요]

○ 그림을 보고, 바른 낱말을 골라 문장을 완성하세요.

1

맞는다. 맡는다.

역할 연극

토끼 나

2

맞았다. 맡았다.

내릴 거라는 비

오늘 일기 예보

바치다 / 받히다

바치다

임금님에게 보물을 바치다.

신이나 웃어른에게 정중하게 드리다.

 쓰기

바	치	다

받히다

길에서 자전거에 받히다.

세차게 부딪히다.

✏ 쓰기

받	히	다

[눈으로 확인해요]

◎ 바른 낱말을 골라 ✔표를 하세요.

1 산신령에게 곡식을 (   ).

☐ 바치다   ☐ 받히다

2 뛰다가 어깨를 벽에 (   ).

☐ 바치다   ☐ 받히다

3 이마를 문에 (   ) 아프다.

☐ 바쳐서   ☐ 받혀서

4 선생님께 이 영광을 (   ) 싶습니다.

☐ 바치고   ☐ 받히고

문장을 완성해요

○ 그림을 보고, 바른 낱말을 골라 문장을 완성하세요.

1

바칠 / 받힐

조상님께   준비하다.

음식을

2

바쳤다. / 받혔다.

의자   일어나다가

무릎   친구   책상

1단원 평가

◎ 바른 낱말을 골라 ✔표를 하세요.

1 나와 내 짝은 몸무게가 ☐ 같다. ☐ 갖다.

2 엄마가 찢어진 치마를 ☐ 깊고 ☐ 깁고 있다.

3 동굴은 천장이 ☐ 낮고 ☐ 낫고 어두웠다.

4 동생은 달팽이처럼 행동이 ☐ 느리다. ☐ 늘이다.

5 수의사는 강아지의 ☐ 닫힌 ☐ 다친 다리를 치료했다.

6 사과를 접시에 ☐ 담아 ☐ 닮아 놓았다.

7 올해 여름은 작년보다 더 ☐ 덥다. ☐ 덮다.

8 분홍빛을 ☐ 띈 ☐ 띤 진달래가 아름답다.

9 할아버지께서는 항상 ☐ 맞는 ☐ 맡는 말씀만 하신다.

10 소의 뿔에 ☐ 바친 ☐ 받힌 투우사가 쓰러졌다.

◎ 밑줄 친 낱말을 바르게 고쳐 쓰세요.

11 친구가 새 게임기를 <u>같고</u> 왔다.

12 우리 마을에는 <u>깁고</u> 큰 호수가 있다.

13 산책하기에는 겨울보다 봄이 <u>낫다</u>.

14 동생이 찰흙을 길게 <u>느리며</u> 놀고 있었다.

15 정문이 <u>다쳐서</u> 뒷문으로 들어갔다.

16 동생과 나는 어머니와 <u>담은</u> 부분이 많다.

17 날이 추우니 이불을 잘 <u>덥고</u> 자렴.

18 바닥에 떨어진 동전이 눈에 <u>띠었다</u>.

19 누나는 축구부 주장을 <u>맞게</u> 되었다.

20 돌아가신 할머니께 꽃을 <u>받혔다</u>.

◐ 불러 주는 말을 잘 듣고 맞춤법에 맞게 받아쓰세요.

1

2

3

4

5

6

7

8

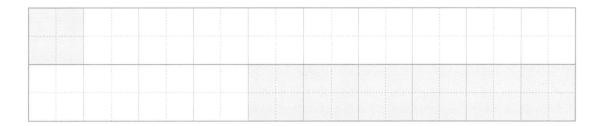

9

10

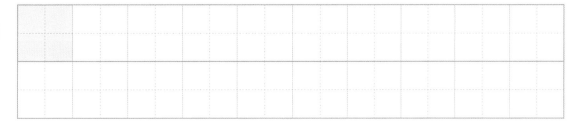

✅ 어려운 글자나 틀린 글자를 연습해요.

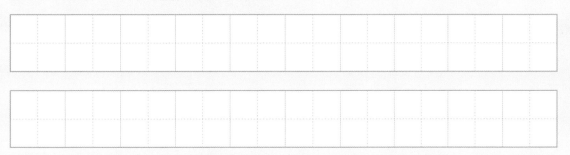

2 모양이 비슷해서 헷갈려요

07 긋다 / 긁다

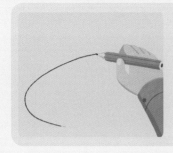

긋다

연필로 선을 긋다.

줄이나 선 모양을 그리다.

✏️ 쓰기

긁다

머리를 긁다.

손톱이나 뾰족한 것으로 바닥이나 겉을 문지르다.

✏️ 쓰기

〔 눈으로 확인해요 〕

● 바른 낱말을 골라 ✓표를 하세요.

1 땅바닥에 금을 (   ).

☐ 긋다   ☐ 긁다

2 동생이 다리를 (   ).

☐ 긋다   ☐ 긁다

3 가려운 곳을 (   ) 줄래?

☐ 그어   ☐ 긁어

4 중요한 문장에 밑줄을 (   ).

☐ 그어요   ☐ 긁어요

문장을 완성해요

◎ 그림을 보고, 바른 낱말을 골라 문장을 완성하세요.

1

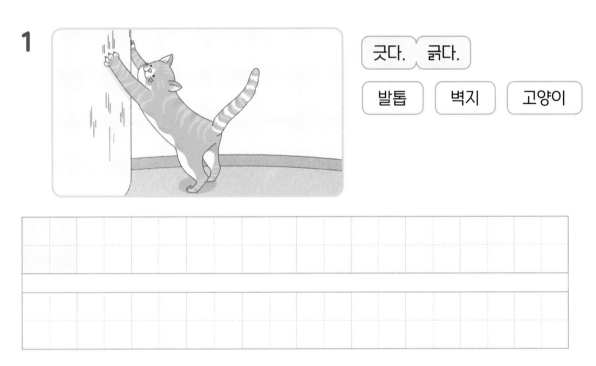

| 긋다. | 긁다. |

| 발톱 | 벽지 | 고양이 |

2

| 그었다. | 긁었다. |

| 아이들 | 선 |

| 바닥 | 나뭇가지 |

낫다 / 낳다

낫다

감기가 낫다.

몸의 상처나 병이 없어져 원래대로 되다.

 쓰기

낳다

암탉이 알을 낳다.

사람이나 동물이 배 속의 아기, 새끼, 알을 몸 밖으로 내보내다.

 쓰기 낳 다

눈으로 확인해요

○ 바른 낱말을 골라 ✔표를 하세요.

1 오래된 병이 (　　　).

☐ 낫다　　☐ 낳다

2 새가 둥지에 알을 (　　　).

☐ 낫다　　☐ 낳다

3 약을 바르니 상처가 금세 (　　　).

☐ 나았어　　☐ 낳았어

4 강아지가 새끼를 몇 마리 (　　　)?

☐ 나았니　　☐ 낳았니

〔 문장을 완성해요 〕

◎ 그림을 보고, 바른 낱말을 골라 문장을 완성하세요.

1

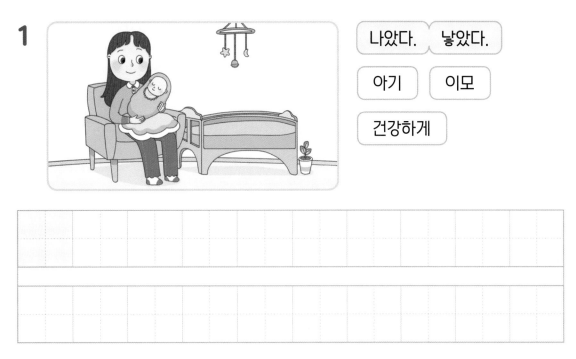

나았다. 낳았다.

아기 이모

건강하게

2

나아서 낳아서

축구 얼른

다리 하고 싶다.

08 닳다 / 닿다

닳다

신발이 닳다.

갈리거나 오래 써서 낡아지거나 길이, 두께, 크기가 줄어들다.

쓰기

닿다

손이 벽에 닿다.

가까이 가서 맞붙다.

쓰기

[눈으로 확인해요]

◉ 바른 낱말을 골라 ✔표를 하세요.

1 지우개가 (   ).

☐ 닳다   ☐ 닿다

2 나와 친구의 어깨가 (   ).

☐ 닳다   ☐ 닿다

3 옷을 험하게 입어서 금방 (   ).

☐ 닳았다   ☐ 닿았다

4 두 발이 바닥에 (   ) 의자에 앉았다.

☐ 닳도록   ☐ 닿도록

문장을 완성해요

○ 그림을 보고, 바른 낱말을 골라 문장을 완성하세요.

1

닳는다. 닿는다.

머리 나뭇가지

기린

2

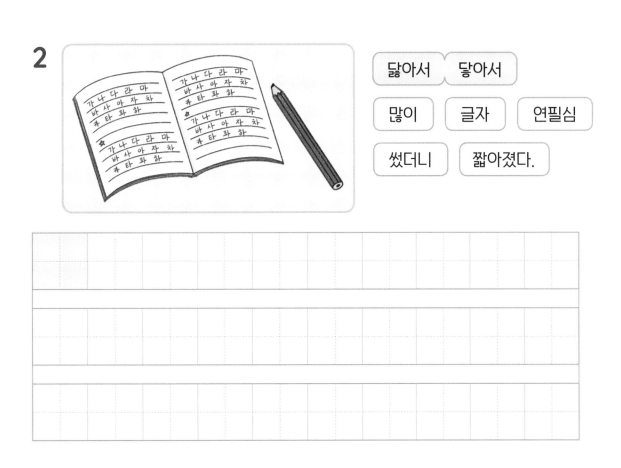

닳아서 닿아서

많이 글자 연필심

썼더니 짧아졌다.

대다 / 데다

대다

핸드폰을 귀에 대다.

무엇을 어디에 닿게 하다.

 쓰기　대 다

데다

끓는 물에 손을 데다.

뜨거운 것에 닿아 살에 상처가 나다.

 쓰기　데 다

눈으로 확인해요

○ 바른 낱말을 골라 ✔표를 하세요.

1 벽에 등을 (　　　).

☐ 대다　　☐ 데다

2 뜨거운 국물에 입안을 (　　　).

☐ 대다　　☐ 데다

3 얼음에 손을 (　　　) 보니 차갑다.

☐ 대어　　☐ 데어

4 뜨거운 기름이 튀어서 팔을 (　　　).

☐ 대었다　　☐ 데었다

문장을 완성해요

○ 그림을 보고, 바른 낱말을 골라 문장을 완성하세요.

1

대고 데고

의자 등받이

앉았다. 허리

2

대었다. 데었다.

뜨거운 만져서

손 주전자 실수로

 09 들르다 / 들리다

들르다

집에 가다가 편의점에 들르다.

지나가는 길에 잠깐 들어가 머물다.

 쓰기

들리다

노랫소리가 들리다.

소리가 들어지다.

쓰기 들 리 다

눈으로 확인해요

◎ 바른 낱말을 골라 ✔표를 하세요.

1 멀리서 사이렌 소리가 (   ).

☐ 들르다   ☐ 들리다

2 학교 가는 길에 문구점에 (   ).

☐ 들르다   ☐ 들리다

3 시장에 (   ) 장을 보고 집에 갔다.

☐ 들러   ☐ 들려

4 초인종 소리가 (   ) 문을 열었다.

☐ 들러서   ☐ 들려서

문장을 완성해요

○ 그림을 보고, 바른 낱말을 골라 문장을 완성하세요.

1

들렀다. 들렸다.

세찬 창밖

빗소리

2

들러 들려

도서관 책

엄마 빌렸다.

맞추다 / 맞히다

맞추다

퍼즐 조각을 맞추다.

서로 떨어져 있거나 어긋나 있는 것을 제자리에 맞게 대어 붙이다.

✏️ 쓰기

맞	추	다

맞히다

퀴즈 정답을 맞히다.

옳은 답을 대다.

✏️ 쓰기

맞	히	다

〔 눈으로 확인해요 〕

◉ 바른 낱말을 골라 ✔표를 하세요.

1 어려운 문제를 (   ).

☐ 맞추다   ☐ 맞히다

2 찢어진 사진 조각들을 (   ).

☐ 맞추다   ☐ 맞히다

3 창문을 창틀에 (   ) 끼우다.

☐ 맞춰   ☐ 맞혀

4 내가 낸 수수께끼를 (   ) 봐!

☐ 맞춰   ☐ 맞혀

○ 그림을 보고, 바른 낱말을 골라 문장을 완성하세요.

1

맞춘　맞힌

선물　　사람

받는다.　　정답

2

맞춰　맞혀

장난감　　자동차

부품　　완성했다.

10 매다 / 메다

매다

신발 끈을 매다.

끈이나 줄 끝을 서로 잡아당기어 풀리지 않도록 묶다.

 쓰기 | 매 | 다 |

메다

가방을 메다.

어깨나 등에 물건을 걸치거나 올려놓다.

쓰기 | 메 | 다 |

〔 눈으로 확인해요 〕

○ 바른 낱말을 골라 ✓표를 하세요.

1 목도리를 (   ).

☐ 매다   ☐ 메다

2 어깨에 배낭을 (   ).

☐ 매다   ☐ 메다

3 보따리를 (   ) 걸었다.

☐ 매고   ☐ 메고

4 머리에 리본을 (   ) 주었다.

☐ 매어   ☐ 메어

문장을 완성해요

○ 그림을 보고, 바른 낱말을 골라 문장을 완성하세요.

1

맨	멘
무대	기타
올라섰다.	가수

2

매며	메며
허리	시간	수업
태권도 띠	기다렸다.

바라다 / 바래다

바라다

키가 크기를 바라다.

어떤 일이 어떻게 되었으면 하고 기대하거나 원하다.

✎ 쓰기

바	라	다

바래다

옷 색이 바래다.

색이 변하여 희미해지거나 누렇게 되다.

✎ 쓰기

바	래	다

〔 눈으로 확인해요 〕

○ 바른 낱말을 골라 ✔표를 하세요.

1 사진의 색이 ( ).

☐ 바라다 ☐ 바래다

2 친구의 도움을 ( ).

☐ 바라다 ☐ 바래다

3 네가 행복하기를 ( ).

☐ 바라 ☐ 바래

4 누렇게 ( ) 책을 버리다.

☐ 바란 ☐ 바랜

【 문장을 완성해요 】

◎ 그림을 보고, 바른 낱말을 골라 문장을 완성하세요.

1

바란다.　바랜다.

승리　축구팀

우리 반

2

바란　바랜

누렇게　칠하다.

벽지　흰색 페인트

11 벌이다 / 벌리다

벌이다

생일잔치를 벌이다.

일을 시작하거나 펼쳐 놓다.

 쓰기

벌	이	다

벌리다

입을 크게 벌리다.

둘 사이를 넓히다. 펴지거나 열리게 하다.

 쓰기

벌	리	다

〔 눈으로 확인해요 〕

○ 바른 낱말을 골라 ✓표를 하세요.

1 팔을 넓게 (   ).

☐ 벌이다   ☐ 벌리다

2 마을 축제를 (   ).

☐ 벌이다   ☐ 벌리다

3 책상 사이를 더 (   ) 줘.

☐ 벌여   ☐ 벌려

4 강아지가 작은 소동을 (   ) 있다.

☐ 벌이고   ☐ 벌리고

○ 그림을 보고, 바른 낱말을 골라 문장을 완성하세요.

1

벌여　벌려

높이　뛰다.

다리　발레리나

2

벌였다.　벌렸다.

우리　마을　운동

쓰레기　줍기

부시다 / 부수다

부시다

햇빛에 눈이 부시다.

빛이 세게 비쳐서 똑바로 쳐다볼 수 없다.

 쓰기

부	시	다

부수다

유리창을 부수다.

여러 조각이 나게 깨뜨리거나 못 쓰게 만들다.

 쓰기

부	수	다

〔 눈으로 확인해요 〕

○ 바른 낱말을 골라 ✓표를 하세요.

1 얼음을 작게 (   ).

☐ 부시다   ☐ 부수다

2 불빛이 강해서 눈이 (   ).

☐ 부시다   ☐ 부수다

3 햇빛에 눈이 (   ) 눈물이 났다.

☐ 부숴   ☐ 부셔

4 호두 껍데기를 (   ) 알맹이를 꺼내다.

☐ 부숴   ☐ 부셔

◎ 그림을 보고, 바른 낱말을 골라 문장을 완성하세요.

1

부셨다. 부쉈다.

빨간 꽃병 고양이

2

부십니다. 부숩니다.

하얀 눈 햇빛

반사되어 눈

12 2단원 평가

◎ 바른 낱말을 골라 ✔표를 하세요.

1 중요한 내용에 밑줄을 ☐ 긋다. ☐ 긁다.

2 고양이가 새끼를 ☐ 낫고 ☐ 낳고 있다.

3 운동화가 많이 ☐ 닳아서 ☐ 닿아서 새로 사야 한다.

4 동생이 배를 바닥에 ☐ 대고 ☐ 데고 엎드렸다.

5 주인 목소리가 ☐ 들르자 ☐ 들리자 개가 꼬리를 흔든다.

6 떨어진 조각을 제자리에 ☐ 맞춰 ☐ 맞혀 붙였다.

7 무거운 배낭을 ☐ 매고 ☐ 메고 산에 올랐다.

8 수업이 빨리 끝나기를 ☐ 바라고 ☐ 바래고 있다.

9 두 팔을 ☐ 벌여 ☐ 벌려 아이를 안아 주었다.

10 눈이 너무 ☐ 부셔서 ☐ 부숴서 눈을 제대로 뜰 수가 없다.

○ 밑줄 친 낱말을 바르게 고쳐 쓰세요.

11 동생이 목이 가려워서 긋고 있다.

12 무릎에 생긴 상처가 잘 낳지 않는다.

13 선반 위까지 손이 닿는다.

14 손가락이 불에 대어 아프다.

15 기름을 넣으려고 주유소에 들리다.

16 문제의 정답을 맞춰서 기쁘다.

17 풀어지지 않게 신발 끈을 꽉 멨다.

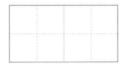

18 목도리가 오래되어 색깔이 바랐어요.

19 마을에 좋은 일이 생겨서 잔치를 벌리다.

20 소방관이 문을 부시고 들어가 사람을 구했다.

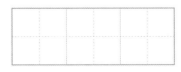

받아쓰기

🔵 불러 주는 말을 잘 듣고 맞춤법에 맞게 받아쓰세요.

1

2

3

4

5

6

7

8

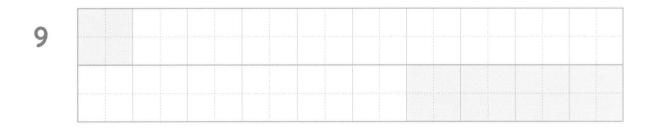

9

10

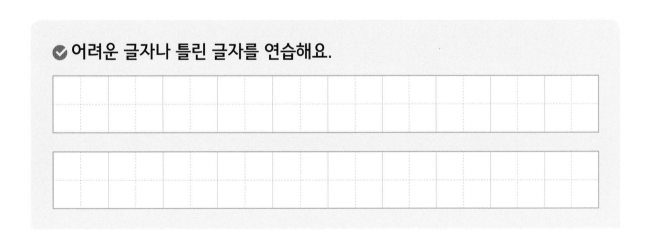

☑ 어려운 글자나 틀린 글자를 연습해요.

3 뜻을 구별해서 써야 해요

뜻을 구별해서
써야 해요

13 가르치다 / 가리키다

가르치다

태권도를 가르치다.

누구에게 지식이나 기술을 알게 하거나 익히게 하다.

✎ 쓰기

가	르	치	다

가리키다

나침반이 북쪽을 가리키다.

손가락 등으로 무엇이 있는 쪽을 보게 하거나 시간이나 온도 등을 알려 주다.

✎ 쓰기

가	리	키	다

[눈으로 확인해요]

○ 바른 낱말을 골라 ✔표를 하세요.

1 엄마가 아이에게 한글을 (　　　).

☐ 가르치다　☐ 가리키다

2 손가락으로 오른쪽 방향을 (　　　).

☐ 가르치다　☐ 가리키다

3 시곗바늘이 세 시를 (　　　).

☐ 가르친다　☐ 가리킨다

4 친구에게 피아노를 (　　　) 주고 싶다.

☐ 가르쳐　☐ 가리켜

○ 그림을 보고, 바른 낱말을 골라 문장을 완성하세요.

1

가르쳤다. 가리켰다.

환한 보름달

손가락

2

가르쳐 주었다. 가리켜 주었다.

자전거 동생

방법 타는

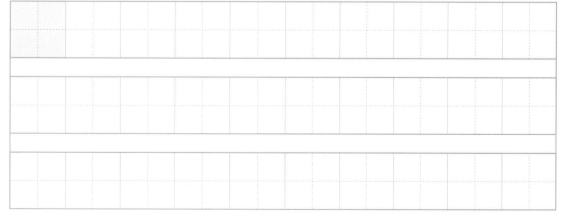

다르다 / 틀리다

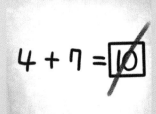

다르다

답이 다르다.

어떤 것과 같지 않다. 차이가 있다.

둘을 비교해서 둘 사이에 차이가 있고 같지 않을 때 '다르다'를 써요.

✏️ 쓰기

틀리다

답이 틀리다.

사실, 계산, 답 등이 맞지 않다.

무엇이 맞지 않고 잘못되었을 때 '틀리다'를 써요.

✏️ 쓰기

[눈으로 확인해요]

⦿ 바른 낱말을 골라 ✔표를 하세요.

1 뺄셈의 답을 (   ).

☐ 다르다   ☐ 틀리다

2 누나와 나는 성격이 (   ).

☐ 다르다   ☐ 틀리다

3 맛이 (   ) 사탕들이 섞여 있다.

☐ 다른   ☐ 틀린

4 계산을 (   ) 돈을 적게 냈습니다.

☐ 달라서   ☐ 틀려서

문장을 완성해요

◉ 그림을 보고, 바른 낱말을 골라 문장을 완성하세요.

1

| 다른 | 틀린 |

| 글자 | 고쳤다. |

| 바르게 |

2

| 다릅니다. | 틀립니다. |

| 동생 | 음식 |

| 좋아하는 | 나 |

14 크다 / 많다

크다

형이 동생보다 키가 크다.

넓이, 높이, 길이, 소리 등이 보통을 넘다.

✏️ 쓰기

크 다

많다

형이 동생보다 나이가 많다.

수나 양이 일정한 기준을 넘어서 아주 여럿이다.

✏️ 쓰기

많 다

〔 눈으로 확인해요 〕

⊙ 바른 낱말을 골라 ✔표를 하세요.

1 음악 소리가 (   ).

☐ 크다   ☐ 많다

2 도서관에는 책이 (   ).

☐ 크다   ☐ 많다

3 신발이 (   ) 자꾸 벗겨져요.

☐ 커서   ☐ 많아서

4 (   ) 사람이 운동장에 모였다.

☐ 큰   ☐ 많은

문장을 완성해요

67

○ 그림을 보고, 바른 낱말을 골라 문장을 완성하세요.

1

크고 많고

야구공 농구공

무겁다.

2

크다. 많다.

딸기 누나

동생 딴

오랜만 / 오랫동안

정말 오랜만이야.

오랜만

오랜만에 친구를 만났다.

긴 시간이 지난 뒤.

 쓰기

오	랜	만

오랫동안

오랫동안 친구를 기다렸다.

매우 긴 시간 동안.

쓰기

오	랫	동	안

〔 눈으로 확인해요 〕

◉ 바른 낱말을 골라 ✔표를 하세요.

1 문밖에 (   ) 서 있었다.

☐ 오랜동안　☐ 오랫동안

2 (   )에 가족과 여행한다.

☐ 오랜만　☐ 오랫만

3 친구와 (   ) 만나지 않았다.

☐ 오랜동안　☐ 오랫동안

4 (   )에 아버지와 수영장에 갔다.

☐ 오랜만　☐ 오랫만

문장을 완성해요

○ 그림을 보고, 바른 낱말을 골라 문장을 완성하세요.

1

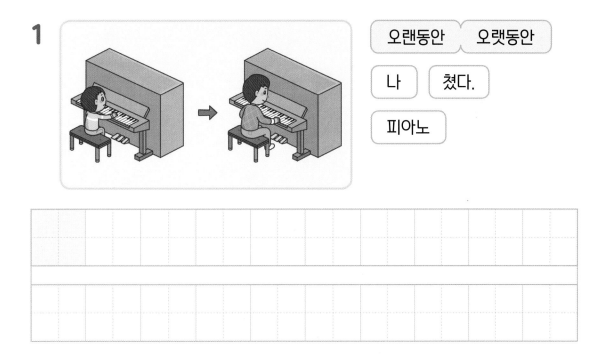

오랜동안　오랫동안

나　쳤다.

피아노

2

오랜만에　오랫만에

우리　놀았다.

바닷가　신나게

15 웃- / 윗

웃-

웃어른께 인사를 하다.

'위', '더함'의 뜻을 나타내는 말.

'위'와 쌍을 이루어 '아래'를 뜻하는 낱말이 없으면 '웃-'을 써요.

✏️ 쓰기 | 웃 | 어 | 른 |

윗도리 [
    ] 아랫도리

윗

윗도리와 아랫도리를 입다.

'위'의 뜻을 나타내는 말.

'위'와 쌍을 이루어 '아래'를 뜻하는 낱말이 있으면 '윗'을 써요.

✏️ 쓰기 | 윗 | 도 | 리 |

【 눈으로 확인해요 】

◎ 바른 낱말을 골라 ✔표를 하세요.

1 (   )에서 피가 나요.

☐ 웃입술   ☐ 윗입술

2 (   )을 주고 물건을 샀다.

☐ 웃돈   ☐ 윗돈

3 (   )에서 쿵쿵 뛰는 소리가 들린다.

☐ 웃집   ☐ 윗집

4 30도를 (   ) 무더위가 이어지고 있다.

☐ 웃도는   ☐ 윗도는

문장을 완성해요

◎ 그림을 보고, 바른 낱말을 골라 문장을 완성하세요.

1

윗니   윗니

닦는다.   아랫니

골고루

2

웃어른   윗어른

두 손   물건

드립니다.

-장이 / -쟁이

-장이

대장장이가 칼을 만든다.

'그것을 직업으로 하는 사람'의 뜻을 나타내는 말.

✏️ 쓰기

대	장	장	이

-쟁이

놀부는 욕심쟁이이다.

'그러한 성질이나 특성을 많이 가진 사람'의 뜻을 나타내는 말.

✏️ 쓰기

욕	심	쟁	이

눈으로 확인해요

○ 바른 낱말을 골라 ✔표를 하세요.

1 (   )에게 옷을 맞췄다.

☐ 양복장이　☐ 양복쟁이

2 이모는 옷을 잘 입는 (   )이다.

☐ 멋장이　☐ 멋쟁이

3 (   )가 구두를 잘 고쳐 주었다.

☐ 구두장이　☐ 구두쟁이

4 동생은 장난을 좋아하는 (   )이다.

☐ 개구장이　☐ 개구쟁이

문장을 완성해요

정답 124쪽

◎ 그림을 보고, 바른 낱말을 골라 문장을 완성하세요.

1

가구장이	가구쟁이

박는다.

나무	못

2

겁장이	겁쟁이

펑펑	동생	보고

울었다.	주사기

16 3단원 평가

◎ 바른 낱말을 골라 ✓표를 하세요.

1 이모는 학생들에게 바이올린을 ☐ 가르친다. ☐ 가리킨다.

2 시곗바늘이 몇 시를 ☐ 가르치고 ☐ 가리키고 있지?

3 야구와 축구는 규칙이 ☐ 다르다. ☐ 틀리다.

4 맞춤법이 ☐ 다른 ☐ 틀린 낱말을 고쳐 쓰세요.

5 하마는 입이 ☐ 크다. ☐ 많다.

6 이 가게는 손님이 ☐ 커서 ☐ 많아서 항상 기다린다.

7 우리 가족은 ☐ 오랜만에 ☐ 오랫만에 놀이공원에 갔다.

8 ☐ 웃어른 ☐ 윗어른 을 공경합시다.

9 날씨가 더워서 ☐ 웃도리 ☐ 윗도리 를 벗었어요.

10 거짓말을 잘하는 사람을 ☐ 거짓말장이 ☐ 거짓말쟁이 라고 한다.

○ 밑줄 친 낱말을 바르게 고쳐 쓰세요.

11　삼촌이 연 날리는 방법을 <u>가리켜</u> 주었다.

12　선생님께서 손으로 하늘을 <u>가르치셨다</u>.

13　사과와 수박은 맛이 <u>틀리다</u>.

14　쉬운 문제를 <u>달라서</u> 속상하다.

15　내가 가진 색연필 개수가 <u>크다</u>.

16　친구가 <u>오랜동안</u> 소식이 없다.

17　<u>오랫만</u>에 큰 잔치를 벌였다.

18　<u>웃집</u>에는 사람이 안 산다.

19　<u>욕심장이</u>처럼 혼자 과자를 먹었니?

20　<u>대장쟁이</u>가 망치로 쇠를 두들겼다.

받아쓰기

아이에게 **정답 125쪽 내용을** 불러 주거나, **QR코드를** 찍어 내용을 들려주세요.

문제 듣기

● 불러 주는 말을 잘 듣고 맞춤법에 맞게 받아쓰세요.

1

2

3

4

5

6

7

8

9

10

✔ 어려운 글자나 틀린 글자를 연습해요.

4 이렇게 써야 맞아요

17 설거지 / 며칠

설거지
설겆이(✕)

깨끗하게 **설거지**를 했다.

음식을 먹고 난 그릇을 씻고 치우는 것.

✏ 쓰기 | 설 | 거 | 지 |

며칠
몇 일(✕)

오늘이 **며칠**이니?

그 달의 몇째 날 또는 몇 날.

✏ 쓰기 | 며 | 칠 |

〔 눈으로 확인해요 〕

○ 바른 낱말을 골라 ✔표를 하세요.

1 생일이 몇 월 ( )이야?

☐ 몇 일 　 ☐ 며칠

2 다 먹은 그릇을 ( )하다.

☐ 설거지 　 ☐ 설겆이

3 그릇이 많아 ( )가 오래 걸렸다.

☐ 설겆이 　 ☐ 설거지

4 언니가 ( ) 동안 병원에 입원했다.

☐ 며칠 　 ☐ 몇 일

문장을 완성해요

○ 그림을 보고, 바른 낱말을 골라 문장을 완성하세요.

1

| 설거지하는 | 설겆이하는 |

| 도와드렸다. | 형 |

| 엄마 |

2

| 몇 일 동안 | 며칠 동안 |

| 나서 | 배탈 |

| 죽 | 먹었다. |

건드리다 / 드러나다

건드리다

건들이다(✗)

꽃병을 건드리다.

손이나 발로 무엇을 만지거나 가볍게 두드리다.

✏️ 쓰기

건	드	리	다

드러나다

들어나다(✗)

가뭄으로 강바닥이 드러나다.

보이지 않던 것이 보이게 되다.

✏️ 쓰기

드	러	나	다

[눈으로 확인해요]

○ 바른 낱말을 골라 ✓표를 하세요.

1 이슬 맺힌 풀잎을 (   ).

☐ 건들이다　　☐ 건드리다

2 눈이 녹자 흙바닥이 (   ).

☐ 드러나다　　☐ 들어나다

3 고양이를 (   ) 깨우고 말았다.

☐ 건들여　　☐ 건드려

4 물이 빠진 후 (   ) 갯벌을 봤다.

☐ 드러난　　☐ 들어난

문장을 완성해요

◎ 그림을 보고, 바른 낱말을 골라 문장을 완성하세요.

1

드러나다.   들어나다.

달   구름

환한   걷히고

2

건드려   건들여

쓰레기통   넘어뜨렸다.

강아지

18 빈털터리 / 낭떠러지

빈털터리
빈털털이(×)

그 사람은 **빈털터리**이다.

있는 재산을 다 없애고 아무것도 가진 것이 없게 된 사람.

 쓰기

빈	털	터	리

낭떠러지
낭떨어지(×)

낭떠러지라서 더 갈 수 없다.

사람이 기어오를 수 없을 만큼 아주 가파르게 기울어진 면.

 쓰기

낭	떠	러	지

〔 눈으로 확인해요 〕

⊙ 바른 낱말을 골라 ✔표를 하세요.

1 재산을 뺏겨 (   )가 되다.

☐ 빈털터리   ☐ 빈털털이

2 (   )에서 바위가 떨어졌다.

☐ 낭떨어지   ☐ 낭떠러지

3 돈을 낭비하면 (   )가 된다.

☐ 빈털털이   ☐ 빈털터리

4 (   ) 근처에 가면 위험하다.

☐ 낭떠러지   ☐ 낭떨어지

문장을 완성해요

○ 그림을 보고, 바른 낱말을 골라 문장을 완성하세요.

1

빈털터리   빈털털이

부자   노력해서

되었다.

2

낭떠러지   낭떨어지

위   보였다.

성   오래된

조용히 / 깨끗이

조용히
조용이(×)

버스 안에서 조용히 해야 한다.

소리가 나지 않게. 또는 시끄럽지 않게.

 쓰기

조	용	히

깨끗이
깨끗히(×)

이를 깨끗이 닦았다.

더러운 것이 없게.

쓰기

깨	끗	이

눈으로 확인해요

◉ 바른 낱말을 골라 ✔표를 하세요.

1 방을 (   ) 정리했다.

☐ 깨끗이   ☐ 깨끗히

2 복도에서 (   ) 걸었다.

☐ 조용히   ☐ 조용이

3 운동화를 (   ) 빨았다.

☐ 깨끗히   ☐ 깨끗이

4 선생님 말씀을 (   ) 듣다.

☐ 조용이   ☐ 조용히

문장을 완성해요

○ 그림을 보고, 바른 낱말을 골라 문장을 완성하세요.

1

| 조용이 | 조용히 |
| 책 | 도서관 |
| 읽습니다. |

2

| 깨끗이 | 깨끗히 |
| 세수했다. | 아침 |
| 일어나 |

19 거야 / -ㄹ게

거야

꺼야(✕)

비가 올 거야.

'것이야'의 줄인 말.

✎ 쓰기

-ㄹ게

-ㄹ께(✕)

내가 가방을 멜게.

어떤 행동에 대한 약속이나 의지를 나타내는 말.

✎ 쓰기

〔 눈으로 확인해요 〕

○ 바른 낱말을 골라 ✔표를 하세요.

1 다음에 연락 (   ).

☐ 할께   ☐ 할게

2 노래를 부를 (   ).

☐ 거야   ☐ 꺼야

3 우산을 가져갈 (   ).

☐ 꺼야   ☐ 거야

4 내일 너희 집에 놀러 (   ).

☐ 갈게   ☐ 갈께

【 문장을 완성해요 】

◎ 그림을 보고, 바른 낱말을 골라 문장을 완성하세요.

1

| 다닐 거야. | 다닐 꺼야. |

| 나 | 여행 |

| 커서 | 많이 |

2

| 지킬게. | 지킬께. |

| 아빠 | 꼭 |

| 약속 |

기다란 / 나는

기다란

길다란(X)

목이 기다란 기린

꽤 긴.

✏️ 쓰기

기	다	란

나는

날으는(X)

하늘을 나는 슈퍼맨

공중에 떠서 어떤 방향으로 움직이는.

✏️ 쓰기

나	는

눈으로 확인해요

○ 바른 낱말을 골라 ✔표를 하세요.

1 (　　　　) 머리카락을 잘랐다.

☐ 기다란　　☐ 길다란

2 하늘을 (　　　　) 갈매기를 봤다.

☐ 날으는　　☐ 나는

3 저기 높이 (　　　　) 연이 내 거야.

☐ 나는　　☐ 날으는

4 놀이 기구 앞에 (　　　　) 줄이 있었다.

☐ 길다란　　☐ 기다란

문장을 완성해요

○ 그림을 보고, 바른 낱말을 골라 문장을 완성하세요.

1

기다란	길다란
물	코끼리
코	뿜었다.

2

날으는	나는
꿈	형	하늘
비행사이다.		

20 4단원 평가

◉ 바른 낱말을 골라 ✔표를 하세요.

1 엄마가 부엌에서 ☐ 설거지 ☐ 설겆이 를 하셨다.

2 비가 ☐ 몇 일 ☐ 며칠 동안 계속 내렸다.

3 내 그림을 ☐ 건드리지 ☐ 건들이지 말아 줄래?

4 옷소매를 걷어 올리자 팔목이 ☐ 드러났다. ☐ 들어났다.

5 돈을 펑펑 써서 ☐ 빈털터리 ☐ 빈털털이 가 됐다.

6 ☐ 낭떠러지 ☐ 낭떨어지 아래로 맑은 강이 흐른다.

7 말소리가 너무 크니 ☐ 조용이 ☐ 조용히 말해라.

8 ☐ 깨끗이 ☐ 깨끗히 세탁한 옷을 입었다.

9 약속을 꼭 지킬 ☐ 거야! ☐ 꺼야!

10 하늘을 훨훨 ☐ 나는 ☐ 날으는 꿈을 꿨다.

○ 밑줄 친 낱말을 바르게 고쳐 쓰세요.

11 누나와 내가 <u>설겆이</u>를 같이 했다.

12 우리가 만나기로 한 날이 <u>몇 일</u>이지?

13 활짝 웃자 하얀 이가 <u>들어났다.</u>

14 동생이 내 인형을 <u>건들였다.</u>

15 돈 한 푼 없는 <u>빈털털이</u>가 되었다.

16 자동차가 <u>낭떨어지</u> 아래로 떨어질 것 같다.

17 책상 위를 <u>깨끗히</u> 치웠다.

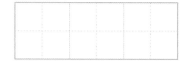

18 교실에서는 <u>조용이</u> 하자!

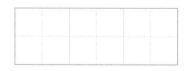

19 늦어서 먼저 집에 <u>갈께.</u>

20 길다란 나무 막대기를 주웠다.

받아쓰기

아이에게 정답 129쪽 내용을 불러 주거나, QR코드를 찍어 내용을 들려주세요.

문제 듣기

◉ 불러 주는 말을 잘 듣고 맞춤법에 맞게 받아쓰세요.

1

2

3

4

5

6

7

8

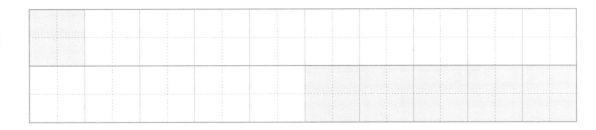

9

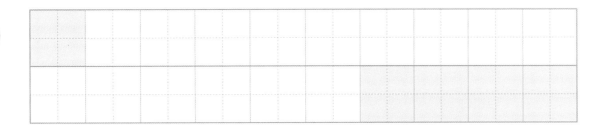

10

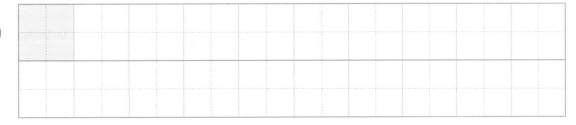

✅ 어려운 글자나 틀린 글자를 연습해요.

1-3 그림과 뜻을 보고, 바른 낱말을 골라 ✓표를 하세요.

1

뜻 서로 다르지 않다. 차이가 없다.

☐ 갔다 ☐ 갖다 ☐ 갇다 ☐ 같다

2

뜻 부딪치거나 맞거나 하여 몸에 상처가 생기다.

☐ 닫히다 ☐ 다치다 ☐ 닫치다 ☐ 닷치다

3

뜻 서로 떨어져 있거나 어긋나 있는 것을 제자리에 맞게 대어 붙이다.

☐ 다르다 ☐ 틀리다 ☐ 맞추다 ☐ 맏히다

4-6 그림을 보고, 낱말을 바르게 고쳐 쓰세요.

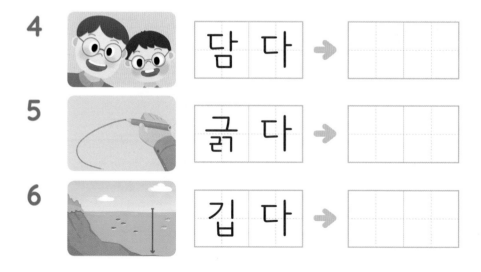

4 담 다 ➡ ☐☐

5 긁 다 ➡ ☐☐

6 깁 다 ➡ ☐☐

7-9 빈칸에 들어갈 바른 낱말을 골라 선으로 이으세요.

7

꽃병을 (   ).

- 건드리다
- 건들이다
- 건두리다

8

이를 (   ) 닦다.

- 깨끗이
- 깨끄시
- 깨끝이

9

(   )께 인사를 한다.

- 윷어른
- 윗어른
- 웃어른

10-12 바른 낱말을 골라 ✔표를 하세요.

10 가방을 ☐ 메고 ☐ 매고 학교에 간다.

11 달팽이는 ☐ 늘이게 ☐ 느리게 움직인다.

12 동생에게 피아노 치는 방법을 ☐ 가르쳐 ☐ 가리켜 주었다.

13 대화에서 빈칸에 들어갈 바른 낱말을 골라 ✔표를 하세요.

엄마: 한여름이라 무척 (   ).
아이: 선풍기를 틀어야겠어요.

☐ 덥구나
☐ 덮구나

14-16 보기 에서 바른 낱말을 골라 빈칸에 쓰세요.

보기
부수다 | 부시다   닳아 | 닿아   바치다 | 받히다

14 햇빛에 눈이 ☐☐☐☐☐ .

15 신발이 ☐☐☐ 못 신게 되었다.

16 왕에게 음식을 ☐☐☐☐☐ .

17-19 밑줄 친 낱말을 바르게 고쳐 쓰세요.

17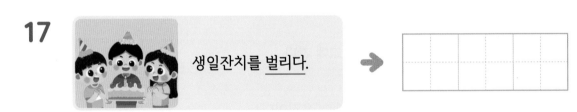
생일잔치를 <u>벌리다</u>. ➡ ☐☐☐☐☐

18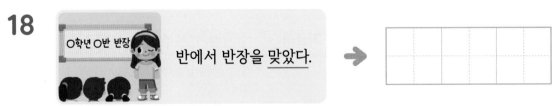
반에서 반장을 <u>맞았다</u>. ➡ ☐☐☐☐☐

19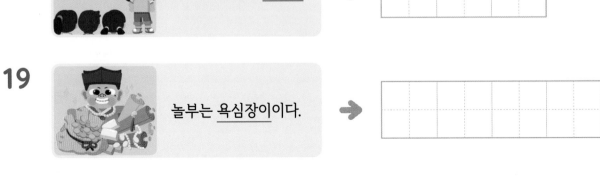
놀부는 <u>욕심장이</u>이다. ➡ ☐☐☐☐☐

20 다음 중 바르게 쓴 문장은 어느 것인가요?   [✎   ]

① 분리수거는 내가 <u>할게</u>.
② 그릇이 많아 <u>설겆이</u>가 오래 걸렸다.
③ 뜨거운 물을 따르다가 손을 <u>대었다</u>.

(21-22) 그림을 보고, 바른 문장을 골라 ✔표를 하세요.

21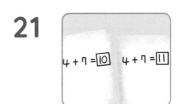

☐ 두 답이 서로 다르다.

☐ 두 답이 서로 틀리다.

22

☐ 단풍이 붉은빛을 띈다.

☐ 단풍이 붉은빛을 띤다.

(23-25) 바른 낱말을 골라 빈칸에 쓰세요.

23
낫다
낳다
} 강아지가 새끼를  .

24
오랫만
오랜만
}  에 친구를 만날 거야.

25
낭떨어지
낭떠러지
}  를 조심하세요.

1-3 그림과 뜻을 보고, 바른 낱말을 골라 ✔표를 하세요.

1

뜻 가까이 가서 맞붙다.

☐ 닿다   ☐ 닫다   ☐ 닳다   ☐ 닷다

2

3+3=6

뜻 틀리지 않다. 서로 어긋나지 않고 같다.

☐ 맛다   ☐ 맡다   ☐ 맞다   ☐ 맑다

3

뜻 손톱이나 뾰족한 것으로 바닥이나 겉을 문지르다.

☐ 긋다   ☐ 긁다   ☐ 귿다   ☐ 극따

4-6 그림을 보고, 낱말을 바르게 고쳐 쓰세요.

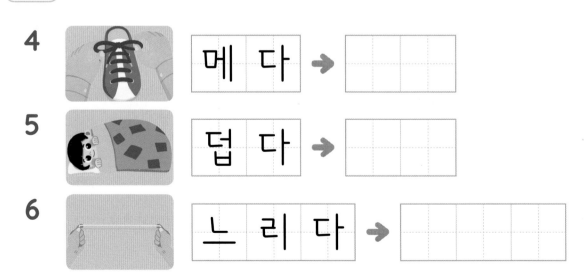

4   메 다 ➡

5   덥 다 ➡

6   느 롁 다 ➡

7-9 빈칸에 들어갈 바른 낱말을 골라 선으로 이으세요.

7

목이 (　　　) 기린

- 길다란
- 기다란
- 길따란

8

퀴즈 정답을 (　　　).

- 맏히다
- 맞추다
- 맞히다

9

그 사람은 (　　　)이다.

- 빈털터리
- 빈털털이
- 빈털털히

10-12 바른 낱말을 골라 ✔표를 하세요.

10 교실에서 음악 소리가 ☐ 들리다. ☐ 들르다.

11 이웃집의 빨간 지붕이 눈에 ☐ 띤다. ☐ 띈다.

12 나는 소원이 이루어지기를 간절히 ☐ 바랐다. ☐ 바랬다.

13 대화에서 빈칸에 들어갈 바른 낱말을 골라 ✔표를 하세요.

> 민하: 오늘이 몇 월 (　　　)이지?
> 푸름: 8월 13일이야.

☐ 몇일

☐ 며칠

14-16 보기 에서 바른 낱말을 골라 빈칸에 쓰세요.

보기

닦다 | 담다 　　　 낫다 | 낳다 　　　 드러나다 | 들어나다

14 상자에 물건을 ⬚⬚.

15 약을 먹고 감기가 ⬚⬚.

16 구름이 걷히고 달이 ⬚⬚⬚⬚⬚.

17-19 밑줄 친 낱말을 바르게 고쳐 쓰세요.

17 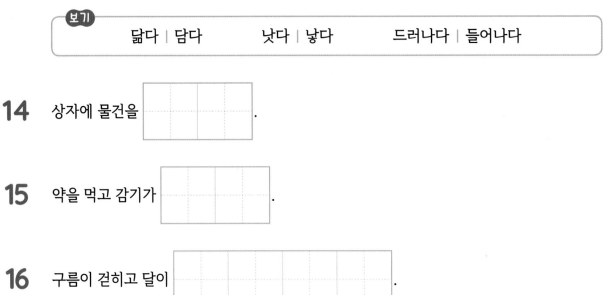 바람에 문이 <u>다치다</u>. ➡ ⬚⬚⬚⬚⬚

18 형이 동생보다 나이가 <u>크다</u>. ➡ ⬚⬚⬚

19 버스에서는 <u>조용이</u> 해야 한다. ➡ ⬚⬚⬚⬚

20 다음 중 바르게 쓴 문장은 어느 것인가요?   [✎   ]

① 하늘을 <u>날으는</u> 꿈을 꿨다.

② 오늘은 열심히 공부할 <u>꺼야</u>.

③ 지수는 손가락으로 자전거를 <u>가리켰다</u>.

21-22 그림을 보고, 바른 문장을 골라 ✔표를 하세요.

21

☐ 답이 다르다.

☐ 답이 틀리다.

22

☐ 입을 크게 벌였다.

☐ 입을 크게 벌렸다.

23-25 바른 낱말을 골라 빈칸에 쓰세요.

23

부수다
부시다

돌을 작게 ☐☐☐☐☐ .

24

같고
갖고

친구와 함께 장난감을 ☐☐☐ 놀았다.

25

웃도리
윗도리

☐☐☐☐☐ 에 아이스크림이 묻었다.

정답

완자 공부력 가이드

완자 공부력 시리즈는
앞으로도 계속 출간될 예정입니다.

국어 맞춤법 바로 쓰기
1~2학년용
4책

쓰기력

전과목 어휘
1~6학년용
12책

전과목 한자 어휘
1~6학년용
12책

영어 파닉스
1~2학년용
2책

영어 영단어
3~6학년용
8책

어휘력

국어 독해
1~6학년용
12책

한국사 독해 인물편
3~6학년용
4책

한국사 독해 시대편
3~6학년용
4책

독해력

수학 계산
1~6학년용
12책

계산력

완자 공부력 시리즈로 공부 근육을 키워요!

매일 성장하는
초등 자기개발서
₩ 완자
공부력

학습의 기초가 되는 읽기, 쓰기, 셈하기와 관련된
공부력을 키워야 여러 교과를 터득하기 쉬워집니다.
또한 어휘력과 독해력, 쓰기력, 계산력을 바탕으로 한
'공부력'은 자기주도 학습으로 상당한 단계까지 올라갈 수
있는 밑바탕이 되어 줍니다. 그래서 매일 꾸준한 학습이
가능한 '**완자 공부력 시리즈**'로 공부하면 **자기주도 학습**이
가능한 **튼튼한 공부 근육**을 키울 수 있을 것이라 확신합니다.

효과적인 공부력 강화 계획을 세워요!

⊙ 학년별 공부 계획
내 학년에 맞게 꾸준하게 공부 계획을 세워요!

		1-2학년	3-4학년	5-6학년
기본	독해	국어 독해 1A 1B 2A 2B	국어 독해 3A 3B 4A 4B	국어 독해 5A 5B 6A 6B
	계산	수학 계산 1A 1B 2A 2B	수학 계산 3A 3B 4A 4B	수학 계산 5A 5B 6A 6B
	어휘	전과목 어휘 1A 1B 2A 2B	전과목 어휘 3A 3B 4A 4B	전과목 어휘 5A 5B 6A 6B
		파닉스 1 2	영단어 3A 3B 4A 4B	영단어 5A 5B 6A 6B
확장	어휘	전과목 한자 어휘 1A 1B 2A 2B	전과목 한자 어휘 3A 3B 4A 4B	전과목 한자 어휘 5A 5B 6A 6B
	쓰기	맞춤법 바로 쓰기 1A 1B 2A 2B		
	독해		한국사 독해 인물편 1 2 3 4	
			한국사 독해 시대편 1 2 3 4	

○ 시기별 공부 계획

학기 중에는 **기본**, 방학 중에는 **기본 + 확장**으로 공부 계획을 세워요!

방학 중			
학기 중			
기본			**확장**
독해	계산	어휘	어휘, 쓰기, 독해
국어 독해	수학 계산	전과목 어휘 파닉스(1~2학년) 영단어(3~6학년)	전과목 한자 어휘 맞춤법 바로 쓰기(1~2학년) 한국사 독해(3~6학년)

예시 **초1 학기 중 공부 계획표** 주 5일 하루 3과목 (45분)

월	화	수	목	금
국어 독해	국어 독해	국어 독해	국어 독해	국어 독해
수학 계산	수학 계산	수학 계산	수학 계산	수학 계산
전과목 어휘	파닉스	전과목 어휘	전과목 어휘	파닉스

예시 **초4 방학 중 공부 계획표** 주 5일 하루 4과목 (60분)

월	화	수	목	금
국어 독해	국어 독해	국어 독해	국어 독해	국어 독해
수학 계산	수학 계산	수학 계산	수학 계산	수학 계산
전과목 어휘	영단어	전과목 어휘	전과목 어휘	영단어
한국사 독해 인물편	전과목 한자 어휘	한국사 독해 인물편	전과목 한자 어휘	한국사 독해 인물편

1 소리는 같아도 뜻이 달라요

10쪽 11쪽

01 같다 / 갖다

《 공부한 날짜   월   일 》

⭐ '같다'와 '갖다'는 둘 다 [갇따]로 소리 나요.

같다
서로 다르지 않다. 차이가 없다.
바지와 신발의 색깔이 같다.

✏️ 쓰기 **같 다**

갖다
손에 쥐고 있거나 몸에 지니다.
내 몫의 케이크를 갖다.

✏️ 쓰기 **갖 다**

⭐ '같다'의 반대말은 '다르다'예요. '갖다'는 '가지다'의 준말로, 비슷한말은 '지니다'예요.

눈으로 확인해요

◎ 바른 낱말을 골라 ✓표를 하세요.

1 친구와 나는 나이가 (   ).   ✓같다   ☐갖다

2 동생이 예쁜 우산을 (   ).   ☐같다   ✓갖다

3 친구가 축구공을 (   ) 왔다.   ☐같고   ✓갖고

4 누나와 나는 (   ) 학교에 다닌다.   ✓같은   ☐갖은

◎ 그림을 보고, 바른 낱말을 골라 문장을 완성하세요.

코칭 Tip

1
같은 갖은
친구 산다.
동네 나

예시
| 나 | 는 | | 친 | 구 | 와 | | 같 | 은 |
| 동 | 네 | 에 | | 산 | 다 | . |

⭐ 국어는 문장에서 낱말의 순서가 자유로운 편입니다. 문장이 자연스럽게 읽힌다면 낱말의 순서가 다른 문장도 바른 문장이예요.

동생 장난감
재미있게 놀았다.

예시
동	생	이		장	난	감	을
갖	고		재	미	있	게		놀	았
다	.

12쪽 13쪽

깊다 / 깁다

⭐ '깊다'는 [깁따], '깁다'는 [깁:따]로 소리 나요.

깊다
겉에서 속까지의 거리가 멀다.
강물이 매우 깊다.

✏️ 쓰기 **깊 다**

깁다
해어진 곳에 조각을 대거나 맞붙여 꿰매다.

✏️ 쓰기 **깁 다**

⭐ '깊다'의 반대말은 '얕다'예요. '깁다'의 비슷한 말은 '꿰매다'예요.

눈으로 확인해요

◎ 바른 낱말을 골라 ✓표를 하세요.

1 호수가 크고 (   ).   ✓깊다   ☐깁다

2 구멍 난 양말을 (   ).   ☐깊다   ✓깁다

3 찢어진 옷을 (   ) 입다.   ☐깊어   ✓기워

4 뿌리가 (   ) 나무는 튼튼하다.   ✓깊은   ☐깁는

⭐ '깁다'는 '깁는, 기워, 깁습니다'로 쓰여요. '기워'처럼 받침 'ㅂ'이 없이 쓰이기도 해요.

◎ 그림을 보고, 바른 낱말을 골라 문장을 완성하세요.

1
깊은 깁는
들어간다. 바닷속
해녀

예시
| 해 | 녀 | 가 | | 깊 | 은 | | 바 | 닷 |
| 속 | 으 | 로 | | 들 | 어 | 간 | 다 | . |

2
깊다. 깁다.
엄마 떨어진
인형 머리

예시
| 엄 | 마 | 가 | | 떨 | 어 | 진 | | 인 |
| 형 | | 머 | 리 | 를 | | 깁 | 다 | . |

낮다 / 낫다

〈 공부한 날짜　월　일 〉

⭐ '낮다'는 [낟따], '낫다'는 [낟ː따]로 소리 나요.

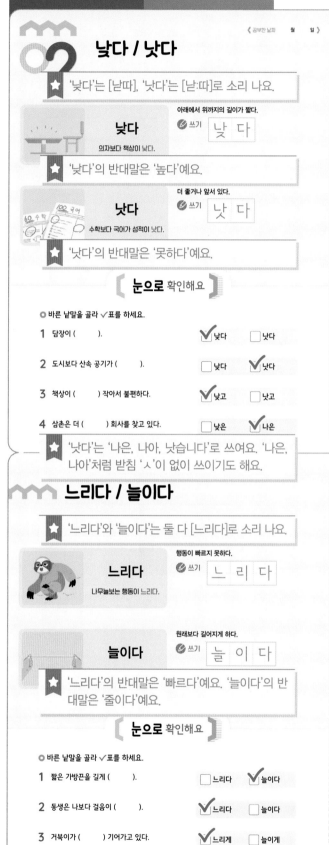

낮다
아래에서 위까지의 길이가 짧다.
✏️ 쓰기　낮 다
의자보다 책상이 낮다.

⭐ '낮다'의 반대말은 '높다'예요.

낫다
더 좋거나 앞서 있다.
✏️ 쓰기　낫 다
수학보다 국어가 성적이 낫다.

⭐ '낫다'의 반대말은 '못하다'예요.

【 눈으로 확인해요 】

◎ 바른 낱말을 골라 ✔표를 하세요.

1 담장이 (　). ✔낮다 　□낫다

2 도시보다 산속 공기가 (　). □낮다 　✔낫다

3 책상이 (　) 작아서 불편하다. ✔낮고 　□낫고

4 삼촌은 더 (　) 회사를 찾고 있다. □낮은 　✔나은

⭐ '낫다'는 '나은, 나아, 낫습니다'로 쓰여요. '나은, 나아'처럼 받침 'ㅅ'이 없이 쓰이기도 해요.

느리다 / 늘이다

⭐ '느리다'와 '늘이다'는 둘 다 [느리다]로 소리 나요.

느리다
행동이 빠르지 못하다.
✏️ 쓰기　느 리 다
나무늘보는 행동이 느리다.

늘이다
원래보다 길어지게 하다.
✏️ 쓰기　늘 이 다

⭐ '느리다'의 반대말은 '빠르다'예요. '늘이다'의 반대말은 '줄이다'예요.

【 눈으로 확인해요 】

◎ 바른 낱말을 골라 ✔표를 하세요.

1 짧은 가방끈을 길게 (　). □느리다 　✔늘이다

2 동생은 나보다 걸음이 (　). ✔느리다 　□늘이다

3 거북이가 (　) 기어가고 있다. ✔느리게 　□늘이게

4 키가 자라서 바짓단을 (　) 입다. □느려 　✔늘여

◎ 그림을 보고, 바른 낱말을 골라 문장을 완성하세요.

14쪽
15쪽

1
낮아서　나아서
오르기　산　좋다.

예시 | 산 | 이 | | 낮 | 아 | 서 | | 오 | 르 |
| 기 | | 좋 | 다 | . |

2
나은　낮은
골랐다.　과일 가게
사과　제일　상태

예시 | 과 | 일 | | 가 | 게 | 에 | 서 | | 제 |
| 일 | | 상 | 태 | 가 | | 나 | 은 | | 사 |
| 과 | 를 | | 골 | 랐 | 다 | . |

◎ 그림을 보고, 바른 낱말을 골라 문장을 완성하세요.

16쪽
17쪽

1
느리게　늘이게
막혀　길
간다.　버스

예시 | 길 | 이 | | 막 | 혀 | | 버 | 스 | 가 |
| 느 | 리 | 게 | | 간 | 다 | . |

2
느려서　늘여서
머리끈　친구
머리　나　묶었다.

예시 | 나 | 는 | | 머 | 리 | 끈 | 을 | | 늘 |
| 여 | 서 | | 친 | 구 | | 머 | 리 | 를 |
| 묶 | 었 | 다 | . |

18쪽
19쪽

03 닫히다 / 다치다

〈 공부한 날짜 〉 월   일

★ '닫히다'와 '다치다'는 둘 다 [다치다]로 소리 나요.

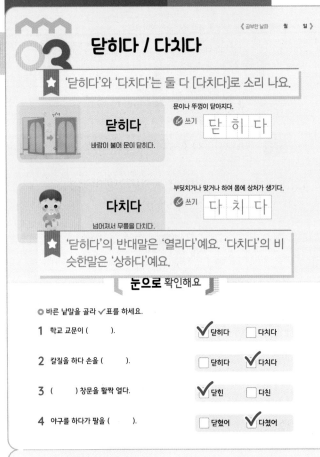

닫히다
문이나 뚜껑이 닫아지다.
바람이 불어 문이 닫히다.
✏ 쓰기 닫 히 다

다치다
부딪치거나 맞거나 하여 몸에 상처가 생기다.
넘어져서 무릎을 다치다.
✏ 쓰기 다 치 다

★ '닫히다'의 반대말은 '열리다'예요. '다치다'의 비슷한말은 '상하다'예요.

눈으로 확인해요

◉ 바른 낱말을 골라 ✔표를 하세요.

1 학교 교문이 (   ).   ✔닫히다 ☐다치다

2 칼질을 하다 손을 (   ).   ☐닫히다 ✔다치다

3 (   ) 창문을 활짝 열다.   ✔닫힌 ☐다친

4 야구를 하다가 팔을 (   ).   ☐닫혔어 ✔다쳤어

◉ 그림을 보고, 바른 낱말을 골라 문장을 완성하세요.

1

닫힌 다친
뚜껑 꽉 힘
열다. 줘서

예시| 꽉 | 닫 | 힌 | | 뚜 | 껑 | 을 |
| 힘 | 을 | | 줘 | 서 | | 열 | 다 | . |

2

닫힌 다친
제비 흥부
고쳐 주었다. 다리

예시| 흥 | 부 | 가 | | 제 | 비 | 의 | | 다 |
| 친 | | 다 | 리 | 를 | | 고 | 쳐 | | 주 |
| 었 | 다 | . |

20쪽
21쪽

담다 / 닮다

★ '담다'와 '닮다'는 둘 다 [담:따]로 소리 나요.

담다
어떤 물건을 그릇 속에 넣다.
포도를 그릇에 담다.
✏ 쓰기 담 다

닮다
무엇과 비슷한 모양이나 성질을 지니다.
✏ 쓰기 닮 다

★ '담다'의 비슷한말은 '넣다, 붓다'예요. '닮다'의 비슷한말은 '비슷하다'예요.

눈으로 확인해요

◉ 바른 낱말을 골라 ✔표를 하세요.

1 물병에 물을 (   ).   ✔담다 ☐닮다

2 아이가 부모의 태도를 (   ).   ☐담다 ✔닮다

3 밥그릇에 밥을 조금 (   ) 주다.   ✔담아 ☐닮아

4 다람쥐와 청솔모는 생김새가 (   ).   ☐담았다 ✔닮았다

◉ 그림을 보고, 바른 낱말을 골라 문장을 완성하세요.

1

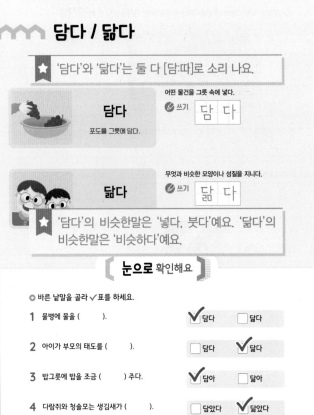

담는다. 닮는다.
상자 오이 농부

예시| 농 | 부 | 가 | | 상 | 자 | 에 | | 오 |
| 이 | 를 | | 담 | 는 | 다 | . |

2

담았다. 닮았다.
땅 우리나라 모양
호랑이 용맹한

예시| 우 | 리 | 나 | 라 | | 땅 | | 모 | 양 |
| 은 | | 용 | 맹 | 한 | | 호 | 랑 | 이 | 를 |
| 닮 | 았 | 다 | . |

★ '용맹한'은 '용감하고 사나운.'이라는 뜻이에요.

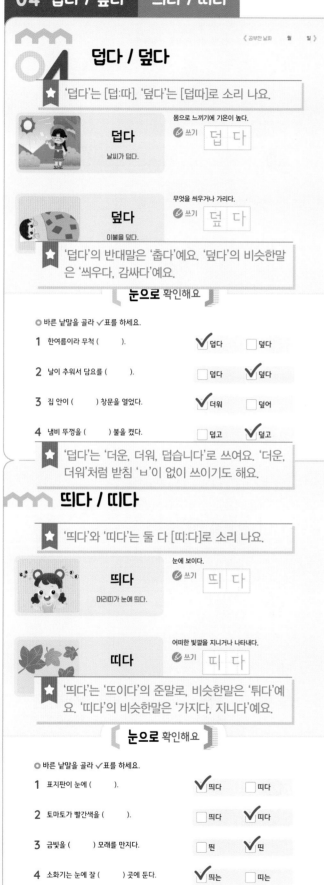

《 공부한 날짜 }   월   일 》

덥다 / 덮다

⭐ '덥다'는 [덥:따], '덮다'는 [덥따]로 소리 나요.

덥다
몸으로 느끼기에 기온이 높다.
✏️ 쓰기 [덥 다]
날씨가 덥다.

덮다
무엇을 씌우거나 가리다.
✏️ 쓰기 [덮 다]
이불을 덮다.

⭐ '덥다'의 반대말은 '춥다'예요. '덮다'의 비슷한말은 '씌우다, 감싸다'예요.

눈으로 확인해요

◎ 바른 낱말을 골라 ✓표를 하세요.

1 한여름이라 무척 ( ).   ✓덥다 ☐덮다
2 날이 추워서 담요를 ( ).   ☐덥다 ✓덮다
3 집 안이 ( ) 창문을 열었다.   ✓더워 ☐덮어
4 냄비 뚜껑을 ( ) 불을 켰다.   ☐덥고 ✓덮고

⭐ '덥다'는 '더운, 더워, 덥습니다'로 쓰여요. '더운, 더워'처럼 받침 'ㅂ'이 없이 쓰이기도 해요.

띄다 / 띠다

⭐ '띄다'와 '띠다'는 둘 다 [띠:다]로 소리 나요.

띄다
눈에 보이다.
✏️ 쓰기 [띄 다]
머리띠가 눈에 띄다.

띠다
어떠한 빛깔을 지니거나 나타내다.
✏️ 쓰기 [띠 다]

⭐ '띄다'는 '뜨이다'의 준말로, 비슷한말은 '튀다'예요. '띠다'의 비슷한말은 '가지다, 지니다'예요.

눈으로 확인해요

◎ 바른 낱말을 골라 ✓표를 하세요.

1 표지판이 눈에 ( ).   ✓띄다 ☐띠다
2 토마토가 빨간색을 ( ).   ☐띄다 ✓띠다
3 금빛을 ( ) 모래를 만지다.   ☐띈 ✓띤
4 소화기는 눈에 잘 ( ) 곳에 둔다.   ✓띄는 ☐띠는

◎ 그림을 보고, 바른 낱말을 골라 문장을 완성하세요.

22쪽 23쪽

1
[덥고] [덮고]
[사막] [비] [않는다.]
[내리지] [잘]

예시 사막은 덥고 비가 잘 내리지 않는다.

2
[덥다.] [덮다.]
[상자] [감자] [위]
[신문지] [들어 있는]

예시 상자에 들어 있는 감자 위에 신문지를 덮다.

◎ 그림을 보고, 바른 낱말을 골라 문장을 완성하세요.

24쪽 25쪽

1
[띄었다.] [띠었다.]
[지자] [해]
[붉은빛] [하늘]

예시 해가 지자 하늘이 붉은빛을 띠었다.

2
[띈다.] [띤다.]
[빨간색] [멀리서도]
[눈] [우리 집] [지붕]

예시 우리 집 지붕은 빨간색이라 멀리서도 눈에 띈다.

26쪽
27쪽

05 맞다 / 맡다

《 공부한 날짜　월　일 》

⭐ '맞다'와 '맡다'는 둘 다 [맏따]로 소리 나요.

맞다
3+3=6
틀리지 않다, 서로 어긋나지 않고 같다.
답이 맞다.
✎ 쓰기 ｜맞｜다｜

⭐ '맞다'의 반대말은 '틀리다'예요.

맡다
○학년 ○반 반장
어떤 일에 대한 책임을 지다.
반에서 반장을 맡다.
✎ 쓰기 ｜맡｜다｜

【 눈으로 확인해요 】

◉ 바른 낱말을 골라 ✔표를 하세요.

1 선생님 말씀이 (　　). 　✔맞다　☐맡다

2 공연에서 주인공을 (　　). 　☐맞다　✔맡다

3 내 답이 (　　) 기분이 좋다. 　✔맞아서　☐맡아서

4 삼촌은 축구 감독을 (　　) 있다. 　☐맞고　✔맡고

◉ 그림을 보고, 바른 낱말을 골라 문장을 완성하세요.

1
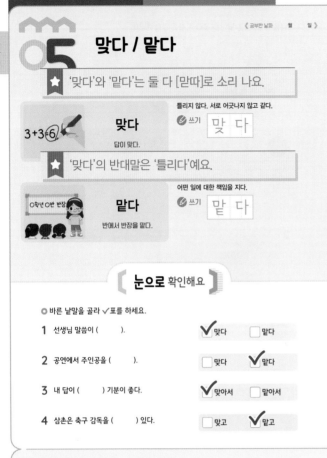
맞는다.｜맡는다.
역할｜연극
토끼｜나

예시
｜나｜는｜　｜연｜극｜에｜서｜　｜토｜
｜끼｜　｜역｜할｜을｜　｜맡｜는｜다｜.｜

2
맞았다.｜맡았다.
내릴 거라는｜비
오늘｜일기 예보

예시
｜오｜늘｜　｜비｜가｜　｜내｜릴｜
｜거｜라｜는｜　｜일｜기｜　｜예｜보｜가｜
｜맞｜았｜다｜.｜

28쪽
29쪽

바치다 / 받히다

⭐ '바치다'와 '받히다'는 둘 다 [바치다]로 소리 나요.

바치다
신이나 웃어른에게 정중하게 드리다.
임금님에게 보물을 바치다.
✎ 쓰기 ｜바｜치｜다｜

받히다
세차게 부딪히다.
길에서 자전거에 받히다.
✎ 쓰기 ｜받｜히｜다｜

⭐ '받히다'의 비슷한말은 '부딪히다'예요.

【 눈으로 확인해요 】

◉ 바른 낱말을 골라 ✔표를 하세요.

1 산신령에게 곡식을 (　　). 　✔바치다　☐받히다

2 뛰다가 어깨를 벽에 (　　). 　☐바치다　✔받히다

3 이마를 문에 (　　) 아프다. 　☐바쳐서　✔받혀서

4 선생님께 이 영광을 (　　) 싶습니다. 　✔바치고　☐받히고

◉ 그림을 보고, 바른 낱말을 골라 문장을 완성하세요.

1

바칠｜받힐
조상님께｜준비하다.
음식을

예시
｜조｜상｜님｜께｜　｜바｜칠｜　｜음｜
｜식｜을｜　｜준｜비｜하｜다｜.｜

2

바쳤다.｜받혔다.
의자｜일어나다가
무릎｜친구｜책상

예시
｜친｜구｜가｜　｜의｜자｜에｜서｜
｜일｜어｜나｜다｜가｜　｜책｜상｜에｜
｜무｜릎｜을｜　｜받｜혔｜다｜.｜

◎ 바른 낱말을 골라 ✓표를 하세요.

1 나와 내 짝은 몸무게가 ✓같다. ☐갖다.

2 엄마가 찢어진 치마를 ☐깊고 ✓깁고 있다.

3 동굴은 천장이 ✓낮고 ☐낫고 어두웠다.

4 동생은 달팽이처럼 행동이 ✓느리다. ☐늘이다.

5 수의사는 강아지의 ☐닫힌 ✓다친 다리를 치료했다.

6 사과를 접시에 ✓담아 ☐닮아 놓았다.

7 올해 여름은 작년보다 더 ✓덥다. ☐덮다.

8 분홍빛을 ☐띈 ✓띤 진달래가 아름답다.

9 할아버지께서는 항상 ✓맞는 ☐맡는 말씀만 하신다.

10 소의 뿔에 ☐바친 ✓받힌 투우사가 쓰러졌다.

◎ 밑줄 친 낱말을 바르게 고쳐 쓰세요.

11 친구가 새 게임기를 <u>같고</u> 왔다.　갖고

12 우리 마을에는 <u>깁고</u> 큰 호수가 있다.　깊고

13 산책하기에는 겨울보다 봄이 <u>낫다</u>.　낮다

14 동생이 찰흙을 길게 <u>느리며</u> 놀고 있었다.　늘이며

15 정문이 <u>다쳐서</u> 뒷문으로 들어갔다.　닫혀서

16 동생과 나는 어머니와 <u>담은</u> 부분이 많다.　닮은

17 날이 추우니 이불을 잘 <u>덥고</u> 자렴.　덮고

18 바닥에 떨어진 동전이 눈에 <u>띠었다</u>.　띄었다

19 누나는 축구부 주장을 <u>맞게</u> 되었다.　맡게

20 돌아가신 할머니께 꽃을 <u>받혔다</u>.　바쳤다

30쪽 31쪽

◎ 불러 주는 말을 잘 듣고 맞춤법에 맞게 받아쓰세요.

1 음식을 바치다.

2 우산 색이 같다.

3 너의 말이 맞다.

4 계곡물이 꽤 깊다.

5 꽃을 꽃병에 담다.

6 장독 뚜껑을 덮다.

7 창문이 닫혀 있다.

8 치마 길이를 늘여 입었다.

9 내 우산은 매우 커서 눈에 띈다.

10 산이 낮아서 아이들도 오르기 쉽다.

32쪽 33쪽

✎ 어려운 글자나 틀린 글자를 연습해요.

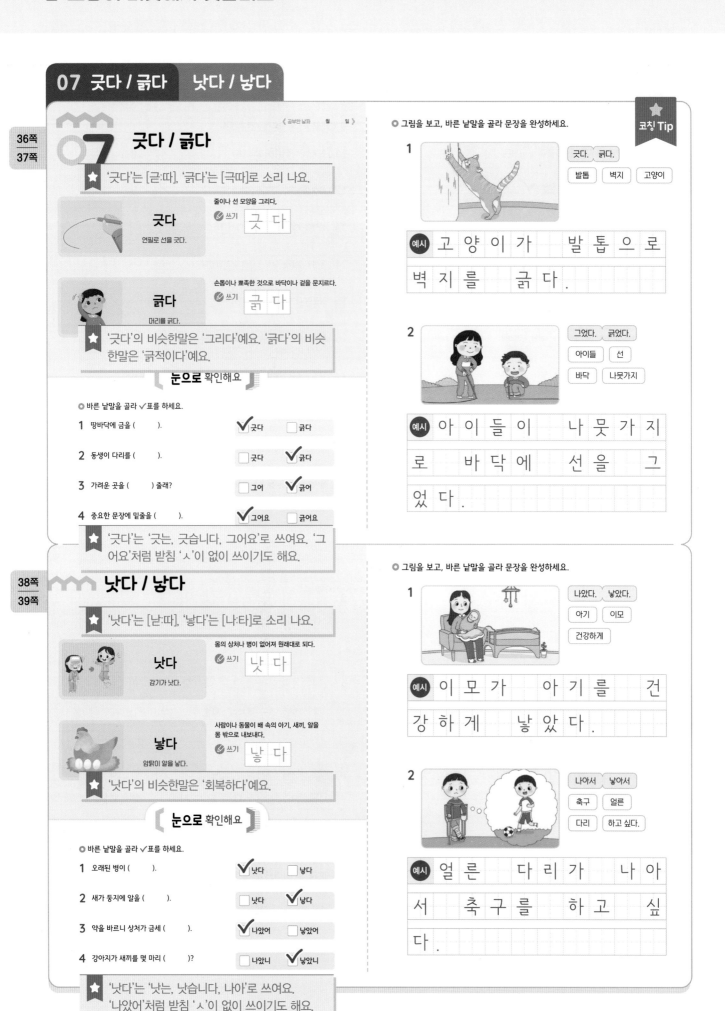

07 굿다 / 긁다 낫다 / 낳다

《 공부한 날짜   월   일 》

07 굿다 / 긁다

★ '굿다'는 [귿:따], '긁다'는 [극따]로 소리 나요.

굿다
연필로 선을 긋다.
줄이나 선 모양을 그리다.
✎ 쓰기 굿 다

긁다
머리를 긁다.
손톱이나 뾰족한 것으로 바닥이나 겉을 문지르다.
✎ 쓰기 긁 다

★ '굿다'의 비슷한말은 '그리다'예요. '긁다'의 비슷한말은 '긁적이다'예요.

눈으로 확인해요

◎ 바른 낱말을 골라 ✓표를 하세요.

1 땅바닥에 금을 (   ). ✓굿다 ☐긁다

2 동생이 다리를 (   ). ☐굿다 ✓긁다

3 가려운 곳을 (   ) 줄래? ☐그어 ✓긁어

4 중요한 문장에 밑줄을 (   ). ✓그어요 ☐긁어요

★ '굿다'는 '굿는, 굿습니다, 그어요'로 쓰여요. '그어요'처럼 받침 'ㅅ'이 없이 쓰이기도 해요.

◎ 그림을 보고, 바른 낱말을 골라 문장을 완성하세요.

코칭 Tip

1
굿다. 긁다.
발톱 벽지 고양이

예시 고 양 이 가 발 톱 으 로
벽 지 를 긁 다 .

2
그었다. 긁었다.
아이들 선
바닥 나뭇가지

예시 아 이 들 이 나 뭇 가 지
로 바 닥 에 선 을 그
었 다 .

낫다 / 낳다

★ '낫다'는 [낟:따], '낳다'는 [나:타]로 소리 나요.

낫다
감기가 낫다.
몸의 상처나 병이 없어져 원래대로 되다.
✎ 쓰기 낫 다

낳다
암탉이 알을 낳다.
사람이나 동물이 배 속의 아기, 새끼, 알을 몸 밖으로 내보내다.
✎ 쓰기 낳 다

★ '낫다'의 비슷한말은 '회복하다'예요.

눈으로 확인해요

◎ 바른 낱말을 골라 ✓표를 하세요.

1 오래된 병이 (   ). ✓낫다 ☐낳다

2 새가 둥지에 알을 (   ). ☐낫다 ✓낳다

3 약을 바르니 상처가 금세 (   ). ✓나았어 ☐낳았어

4 강아지가 새끼를 몇 마리 (   )? ☐나았니 ✓낳았니

★ '낫다'는 '낫는, 낫습니다, 나아'로 쓰여요. '나았어'처럼 받침 'ㅅ'이 없이 쓰이기도 해요.

◎ 그림을 보고, 바른 낱말을 골라 문장을 완성하세요.

1
나았다. 낳았다.
아기 이모
건강하게

예시 이 모 가 아 기 를 건
강 하 게 낳 았 다 .

2
나아서 낳아서
축구 얼른
다리 하고 싶다.

예시 얼 른 다 리 가 나 아
서 축 구 를 하 고 싶
다 .

닳다 / 닿다

《 공부한 날짜   월   일 》

★ '닳다'는 [달타], '닿다'는 [다:타]로 소리 나요.

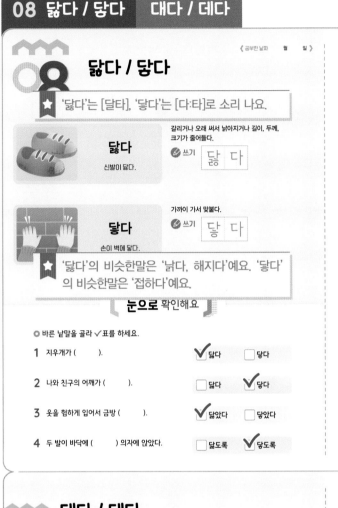

닳다
신발이 닳다.

갈리거나 오래 써서 낡아지거나 길이, 두께, 크기가 줄어들다.

✏ 쓰기   닳 다

닿다
손이 벽에 닿다.

가까이 가서 맞붙다.

✏ 쓰기   닿 다

★ '닳다'의 비슷한말은 '낡다, 해지다'예요. '닿다'의 비슷한말은 '접하다'예요.

눈으로 확인해요

◎ 바른 낱말을 골라 ✓표를 하세요.

1 지우개가 (   ).   ✓ 닳다   ☐ 닿다

2 나와 친구의 어깨가 (   ).   ☐ 닳다   ✓ 닿다

3 옷을 험하게 입어서 금방 (   ).   ✓ 닳았다   ☐ 닿았다

4 두 발이 바닥에 (   ) 의자에 앉았다.   ☐ 닳도록   ✓ 닿도록

◎ 그림을 보고, 바른 낱말을 골라 문장을 완성하세요.

40쪽
41쪽

1

닳는다. 닿는다.
머리   나뭇가지
기린

예시 | 기 | 린 | 의 | | 머 | 리 | 가 | | 나 |
| 뭇 | 가 | 지 | 에 | | 닿 | 는 | 다 | . |

2

닳아서 닿아서
많이   글자   연필심
썼더니   짧아졌다.

예시 | 글 | 자 | 를 | | 많 | 이 | | 썼 | 더 |
| 니 | | 연 | 필 | 심 | 이 | | 닳 | 아 | 서 |
| 짧 | 아 | 졌 | 다 | . |

대다 / 데다

★ '대다'는 [대:다], '데다'는 [데:다]로 소리 나요.

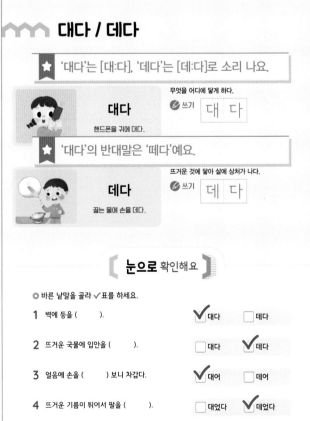

대다
핸드폰을 귀에 대다.

무엇을 어디에 닿게 하다.

✏ 쓰기   대 다

★ '대다'의 반대말은 '떼다'예요.

데다
끓는 물에 손을 데다.

뜨거운 것에 닿아 살에 상처가 나다.

✏ 쓰기   데 다

눈으로 확인해요

◎ 바른 낱말을 골라 ✓표를 하세요.

1 벽에 등을 (   ).   ✓ 대다   ☐ 데다

2 뜨거운 국물에 입안을 (   ).   ☐ 대다   ✓ 데다

3 얼음에 손을 (   ) 보니 차갑다.   ✓ 대어   ☐ 데어

4 뜨거운 기름이 튀어서 팔을 (   ).   ☐ 대었다   ✓ 데었다

◎ 그림을 보고, 바른 낱말을 골라 문장을 완성하세요.

42쪽
43쪽

1

대고   데고
의자   등받이
앉았다.   허리

예시 | 의 | 자 | | 등 | 받 | 이 | 에 | | 허 |
| 리 | 를 | | 대 | 고 | | 앉 | 았 | 다 | . |

2

대었다. 데었다.
뜨거운   만져서
손   주전자   실수로

예시 | 실 | 수 | 로 | | 뜨 | 거 | 운 | | 주 |
| 전 | 자 | 를 | | 만 | 져 | 서 | | 손 | 을 |
| 데 | 었 | 다 | . |

09 들르다 / 들리다

《공부한 날짜   월   일》

44쪽
45쪽

들르다

집에 가다가 편의점에 들르다.

지나가는 길에 잠깐 들어가 머물다.

✏ 쓰기 들 르 다

들리다

노랫소리가 들리다.

소리가 들어지다.

✏ 쓰기 들 리 다

★ '들르다'의 비슷한말은 '거치다, 경유하다'예요.
'들리다'의 비슷한말은 '새다, 흘러나오다'예요.

〔 눈으로 확인해요 〕

◎ 바른 낱말을 골라 ✔표를 하세요.

1 멀리서 사이렌 소리가 (   ). ☐ 들르다 ✔ 들리다

2 학교 가는 길에 문구점에 (   ). ✔ 들르다 ☐ 들리다

3 시장에 (   ) 장을 보고 집에 갔다. ✔ 들러 ☐ 들려

4 초인종 소리가 (   ) 문을 열었다. ☐ 들러서 ✔ 들려서

★ '들르다'는 '들르는, 들러'로 쓰여요. '들리다'는
'들리는, 들리어(들려)'로 쓰여요.

◎ 그림을 보고, 바른 낱말을 골라 문장을 완성하세요.

1

들렀다. 들렸다.
세찬 창밖
빗소리

예시	창	밖	에	서		세	찬		빗
소	리	가		들	렸	다	.		

2

들러 들려
도서관 책
엄마 빌렸다.

예시	엄	마	와		도	서	관	에	
들	러		책	을		빌	렸	다	.

46쪽
47쪽

맞추다 / 맞히다

★ '맞추다'는 [맏추다], '맞히다'는 [마치다]로 소리 나요.

맞추다

퍼즐 조각을 맞추다.

서로 떨어져 있거나 어긋나 있는 것을 제자리에
맞게 대어 붙이다.

✏ 쓰기 맞 추 다

맞히다

퀴즈 정답을 맞히다.

옳은 답을 대다.

✏ 쓰기 맞 히 다

〔 눈으로 확인해요 〕

◎ 바른 낱말을 골라 ✔표를 하세요.

1 어려운 문제를 (   ). ☐ 맞추다 ✔ 맞히다

2 찢어진 사진 조각들을 (   ). ✔ 맞추다 ☐ 맞히다

3 창문을 창틀에 (   ) 끼우다. ✔ 맞춰 ☐ 맞혀

4 내가 낸 수수께끼를 (   ) 봐! ☐ 맞춰 ✔ 맞혀

★ '퀴즈 정답을 맞추다.'라고 잘못 쓰지 않도록 주
의해요. '맞추다'는 '대상끼리 나란히 놓고 서로
비교한다.'라는 의미를 가져요.

◎ 그림을 보고, 바른 낱말을 골라 문장을 완성하세요.

1

맞춘 맞힌
선물 사람
받는다. 정답

예시	정	답	을		맞	힌		사	람
은		선	물	을		받	는	다	.

2

맞춰 맞혀
장난감 자동차
부품 완성했다.

예시	장	난	감		부	품	을		맞
춰		자	동	차	를		완	성	했
다	.								

10 매다 / 메다

《 공부한 날짜　월　일 》

⭐ '매다'는 [매:다], '메다'는 [메:다]로 소리 나요.

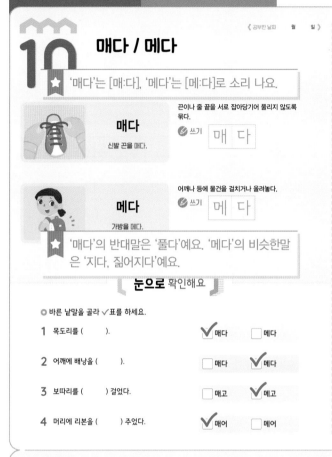

매다
신발 끈을 매다.
끈이나 줄 끝을 서로 잡아당기어 풀리지 않도록 묶다.
✍ 쓰기　매다

메다
가방을 메다.
어깨나 등에 물건을 걸치거나 올려놓다.
✍ 쓰기　메다

⭐ '매다'의 반대말은 '풀다'예요. '메다'의 비슷한말은 '지다, 짊어지다'예요.

【 눈으로 확인해요 】

◎ 바른 낱말을 골라 ✔표를 하세요.

1 목도리를 (　　). ✔매다 ☐메다

2 어깨에 배낭을 (　　). ☐매다 ✔메다

3 보따리를 (　　) 걸었다. ☐매고 ✔메고

4 머리에 리본을 (　　) 주었다. ✔매어 ☐메어

◎ 그림을 보고, 바른 낱말을 골라 문장을 완성하세요.

48쪽
49쪽

1
☐맨 ☐멘
☐무대 ☐기타
☐올라섰다. ☐가수

예시　기 타 를　멘　가 수 가
무 대 에　올 라 섰 다 .

2
☐매며 ☐메며
☐허리 ☐시간 ☐수업
☐태권도 띠 ☐기다렸다.

예시　태 권 도　띠 를　허 리
에　매 며　수 업　시 간
을　기 다 렸 다 .

바라다 / 바래다

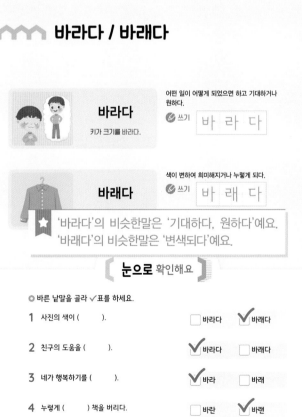

바라다
키가 크기를 바라다.
어떤 일이 어떻게 되었으면 하고 기대하거나 원하다.
✍ 쓰기　바라다

바래다
색이 변하여 희미해지거나 누렇게 되다.
✍ 쓰기　바래다

⭐ '바라다'의 비슷한말은 '기대하다, 원하다'예요. '바래다'의 비슷한말은 '변색되다'예요.

【 눈으로 확인해요 】

◎ 바른 낱말을 골라 ✔표를 하세요.

1 사진의 색이 (　　). ☐바라다 ✔바래다

2 친구의 도움을 (　　). ✔바라다 ☐바래다

3 네가 행복하기를 (　　). ✔바라 ☐바래

4 누렇게 (　　) 책을 버리다. ☐바란 ✔바랜

◎ 그림을 보고, 바른 낱말을 골라 문장을 완성하세요.

50쪽
51쪽

1
☐바란다. ☐바랜다.
☐승리 ☐축구팀
☐우리 반

예시　우 리　반　축 구 팀 의
승 리 를　바 란 다 .

2
☐바란 ☐바랜
☐누렇게 ☐칠하다.
☐벽지 ☐흰색 페인트

예시　누 렇 게　바 랜　벽 지
에　흰 색　페 인 트 를
칠 하 다 .

⭐ '바라다'는 '바라, 바랐다'로 쓰여요. '바래, 바랬다'로 잘못 쓰지 않도록 주의해요.

11 벌이다 / 벌리다   부시다 / 부수다

52쪽
53쪽

‹ 공부한 날짜   월   일 ›

벌이다 / 벌리다

★ '벌이다'는 [버:리다], '벌리다'는 [벌:리다]로 소리 나요.

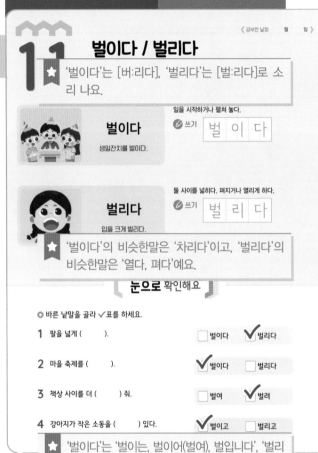

벌이다
생일잔치를 벌이다.

일을 시작하거나 펼쳐 놓다.

✏ 쓰기 | 벌 | 이 | 다 |

벌리다
입을 크게 벌리다.

둘 사이를 넓히다. 펴지거나 열리게 하다.

✏ 쓰기 | 벌 | 리 | 다 |

★ '벌이다'의 비슷한말은 '차리다'이고, '벌리다'의 비슷한말은 '열다, 펴다'예요.

눈으로 확인해요

◉ 바른 낱말을 골라 ✔표를 하세요.

1 팔을 넓게 ( ).　　　　☐ 벌이다　✔ 벌리다

2 마을 축제를 ( ).　　　　✔ 벌이다　☐ 벌리다

3 책상 사이를 더 ( ) 줘.　☐ 벌여　✔ 벌려

4 강아지가 작은 소동을 ( ) 있다.　✔ 벌이고　☐ 벌리고

★ '벌이다'는 '벌이는, 벌이어(벌여), 벌입니다', '벌리다'는 '벌리는, 벌리어(벌려), 벌립니다'로 쓰여요.

◉ 그림을 보고, 바른 낱말을 골라 문장을 완성하세요.

1

벌여	벌려
높이	뛰다.
다리	발레리나

예시 | 발 | 레 | 리 | 나 | 가 | | 다 | 리 | 를 |
| 벌 | 려 | | 높 | 이 | | 뛰 | 다 | . |

2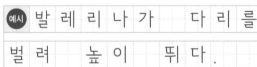

벌였다.	벌렸다.
우리	마을	운동
쓰레기	줍기

예시 | 우 | 리 | 는 | | 마 | 을 | 에 | 서 |
| 쓰 | 레 | 기 | | 줍 | 기 | | 운 | 동 | 을 |
| 벌 | 였 | 다 | . |

54쪽
55쪽

부시다 / 부수다

부시다
햇빛에 눈이 부시다.

빛이 세게 비쳐서 똑바로 쳐다볼 수 없다.

✏ 쓰기 | 부 | 시 | 다 |

부수다
유리창을 부수다.

여러 조각이 나게 깨뜨리거나 못 쓰게 만들다.

✏ 쓰기 | 부 | 수 | 다 |

★ '부시다'의 비슷한말은 '시리다'이고, '부수다'의 비슷한말은 '깨다, 깨뜨리다'예요.

눈으로 확인해요

◉ 바른 낱말을 골라 ✔표를 하세요.

1 얼음을 작게 ( ).　　　☐ 부시다　✔ 부수다

2 불빛이 강해서 눈이 ( ).　✔ 부시다　☐ 부수다

3 햇빛에 눈이 ( ) 눈물이 났다.　☐ 부숴　✔ 부셔

4 호두 껍데기를 ( ) 알맹이를 꺼내다.　✔ 부숴　☐ 부셔

★ '부시다'는 '부시는, 부시어(부셔), 부십니다'로 쓰여요. '부수다'는 '부수는, 부수어(부숴), 부숩니다'로 쓰여요.

◉ 그림을 보고, 바른 낱말을 골라 문장을 완성하세요.

1

| 부셨다. | 부쉈다. |
| 빨간 | 꽃병 | 고양이 |

예시 | 고 | 양 | 이 | 가 | | 빨 | 간 | | 꽃 |
| 병 | 을 | | 부 | 쉈 | 다 | . |

2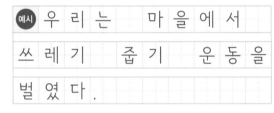

부십니다.	부숩니다.
하얀 눈	햇빛
반사되어	눈

예시 | 햇 | 빛 | 이 | | 하 | 얀 | | 눈 | 에 |
| 반 | 사 | 되 | 어 | | 눈 | 이 | | 부 | 십 |
| 니 | 다 | . |

○ 바른 낱말을 골라 ✓표를 하세요.

1 중요한 내용에 밑줄을 ✓긋다. ☐ 긁다.

2 고양이가 새끼를 ☐ 낫고 ✓낳고 있다.

3 운동화가 많이 ✓닳아서 ☐ 닿아서 새로 사야 한다.

4 동생이 배를 바닥에 ✓대고 ☐ 데고 엎드렸다.

5 주인 목소리가 ☐ 들르자 ✓들리자 개가 꼬리를 흔든다.

6 떨어진 조각을 제자리에 ✓맞춰 ☐ 맞혀 붙였다.

7 무거운 배낭을 ☐ 매고 ✓메고 산에 올랐다.

8 수업이 빨리 끝나기를 ✓바라고 ☐ 바래고 있다.

9 두 팔을 ☐ 벌여 ✓벌려 아이를 안아 주었다.

10 눈이 너무 ✓부셔서 ☐ 부숴서 눈을 제대로 뜰 수가 없다.

○ 밑줄 친 낱말을 바르게 고쳐 쓰세요.

11 동생이 목이 가려워서 <u>긁고</u> 있다. | 긁 | 고 |

12 무릎에 생긴 상처가 잘 <u>낫지</u> 않는다. | 낫 | 지 |

13 선반 위까지 손이 <u>닿는다</u>. | 닿 | 는 | 다 |

14 손가락을 불에 <u>대어</u> 아프다. | 데 | 어 |

15 기름을 넣으려고 주유소에 <u>들르다</u>. | 들 | 르 | 다 |

16 문제의 정답을 <u>맞혀서</u> 기쁘다. | 맞 | 혀 | 서 |

17 풀어지지 않게 신발 끈을 꽉 <u>맸다</u>. | 맸 | 다 |

18 목도리가 오래되어 색깔이 <u>바랬어요</u>. | 바 | 랬 | 어 | 요 |

19 마을에 좋은 일이 생겨서 잔치를 <u>벌이다</u>. | 벌 | 이 | 다 |

20 소방관이 문을 <u>부수고</u> 들어가 사람을 구했다. | 부 | 수 | 고 |

○ 불러 주는 말을 잘 듣고 맞춤법에 맞게 받아쓰세요.

1 지우개가 닳다.

2 축제를 벌였다.

3 새가 알을 낳다.

4 문제를 다 맞혔다.

5 색이 모두 바랬다.

6 운동화 끈을 매다.

7 큰 소리가 들린다.

8 뜨거운 물에 발을 데었다.

9 숟가락으로 그릇을 박박 긁다.

10 햇빛에 눈이 부셔 얼굴을 찡그렸다.

○ 어려운 글자나 틀린 글자를 연습해요.

13 가르치다 / 가리키다　다르다 / 틀리다

62쪽 63쪽

13 가르치다 / 가리키다

〈 공부한 날짜　월　일 〉

가르치다

누구에게 지식이나 기술을 알게 하거나 익히게 하다.

태권도를 가르치다.

✎ 쓰기　가 르 치 다

가리키다

손가락 등으로 무엇이 있는 쪽을 보게 하거나 시간이나 온도 등을 알려 주다.

나침반이 북쪽을 가리키다.

✎ 쓰기　가 리 키 다

★ '가르치다'를 '가리치다'로, '가리키다'를 '가르키다'로 잘못 쓰지 않도록 주의해요.

눈으로 확인해요

◉ 바른 낱말을 골라 ✔표를 하세요.

1 엄마가 아이에게 한글을 (　　). 　✔가르치다　☐가리키다

2 손가락으로 오른쪽 방향을 (　　). 　☐가르치다　✔가리키다

3 시곗바늘이 세 시를 (　　). 　☐가르친다　✔가리킨다

4 친구에게 피아노를 (　　) 주고 싶다. 　✔가르쳐　☐가리켜

★ '가르치다'는 '가르치는, 가르쳐, 가르칩니다'로 써요.
'가리키다'는 '가리키는, 가리켜, 가리킵니다'로 써요.

◉ 그림을 보고, 바른 낱말을 골라 문장을 완성하세요.

코칭 Tip

1

가르쳤다.	가리켰다.
환한	보름달
손가락	

예시　손 가 락 으 로 　환 한
보 름 달 을 　가 리 켰 다 .

2

가르쳐 주었다.	가리켜 주었다.
자전거	동생
방법	타는

예시　동 생 에 게 　자 전 거
타 는 　방 법 을 　가 르 쳐
주 었 다 .

다르다 / 틀리다

64쪽 65쪽

다르다

어떤 것과 같지 않다. 차이가 있다.
둘을 비교해서 둘 사이에 차이가 있고 같지 않을 때 '다르다'를 써요.

답이 다르다.

✎ 쓰기　다 르 다

틀리다

사실, 계산, 답 등이 맞지 않다.
무엇이 맞지 않고 잘못되었을 때 '틀리다'를 써요.

4 + 7 = 10

✎ 쓰기　틀 리 다

★ '다르다'의 반대말은 '같다'이고, '틀리다'의 반대말은 '맞다'예요.

눈으로 확인해요

◉ 바른 낱말을 골라 ✔표를 하세요.

1 뺄셈의 답을 (　　). 　☐다르다　✔틀리다

2 누나와 나는 성격이 (　　). 　✔다르다　☐틀리다

3 맛이 (　　) 사탕들이 섞여 있다. 　✔다른　☐틀린

4 계산을 (　　) 돈을 적게 냈습니다. 　☐달라서　✔틀려서

★ '다르다'는 '다른, 달라서, 다릅니다'로 써요. '틀리다'는 '틀린, 틀려서, 틀립니다'로 써요.

◉ 그림을 보고, 바른 낱말을 골라 문장을 완성하세요.

1

다른	틀린
글자	고쳤다.
바르게	

예시　틀 린 　글 자 를 　바 르
게 　고 쳤 다 .

2

다릅니다.	틀립니다.
동생	음식
좋아하는	나

예시　나 는 　동 생 과 　좋 아
하 는 　음 식 이 　다 릅 니
다 .

14 크다 / 많다

《공부한 날짜   월   일》

크다

넓이, 높이, 길이, 소리 등이 보통을 넘다.

형이 동생보다 키가 크다.

✍ 쓰기 크 다

많다

수나 양이 일정한 기준을 넘어서 아주 여럿이다.

형이 동생보다 나이가 많다.

✍ 쓰기 많 다

★ 보통 '크다'의 반대말은 '작다'이고, '많다'의 반대말은 '적다'예요.

눈으로 확인해요

◯ 바른 낱말을 골라 ✓표를 하세요.

1 음악 소리가 (   ).   ✓크다   ☐많다

2 도서관에는 책이 (   ).   ☐크다   ✓많다

3 신발이 (   ) 자꾸 벗겨져요.   ✓커서   ☐많아서

4 (   ) 사람이 운동장에 모였다.   ☐큰   ✓많은

◯ 그림을 보고, 바른 낱말을 골라 문장을 완성하세요.

66쪽
67쪽

1

크고 많고
야구공 농구공
무겁다.

예시 농 구 공 이 야 구 공 보
다 크 고 무 겁 다 .

2

크다. 많다.
딸기 누나
동생 딴

예시 동 생 보 다 누 나 가
딴 딸 기 가 많 다 .

오랜만 / 오랫동안

정말 오랜만이야.

오랜만

긴 시간이 지난 뒤.

오랜만에 친구를 만났다.

✍ 쓰기 오 랜 만

오랫동안

매우 긴 시간 동안.

✍ 쓰기 오 랫 동 안

★ '오랫동안'의 비슷한말은 '한참'이고, 반대말은 '잠시'예요.

눈으로 확인해요

◯ 바른 낱말을 골라 ✓표를 하세요.

1 문밖에 (   ) 서 있었다.   ☐오랫동안   ✓오랫동안

2 (   )에 가족과 여행한다.   ✓오랜만   ☐오랫만

3 친구와 (   ) 만나지 않았다.   ☐오랫동안   ✓오랫동안

4 (   )에 아버지와 수영장에 갔다.   ✓오랜만   ☐오랫만

◯ 그림을 보고, 바른 낱말을 골라 문장을 완성하세요.

68쪽
69쪽

1
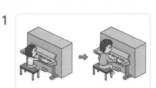

오랫동안 오랫동안
나   쳤다.
피아노

예시 나 는 피 아 노 를 오
랫 동 안 쳤 다 .

2

오랜만에 오랫만에
우리 놀았다.
바닷가 신나게

예시 우 리 는 오 랜 만 에
바 닷 가 에 서 신 나 게
놀 았 다 .

70쪽 71쪽

15 웃- / 윗

《 공부한 날짜 》 월 일

웃-
웃어른께 인사를 하다.

'위', '더함'의 뜻을 나타내는 말.
'위'와 쌍을 이루어 '아래'를 뜻하는 낱말이 없으면 '웃-'을 써요.

✎ 쓰기 | 웃 | 어 | 른 |

윗
윗도리와 아랫도리를 입다.

'위'의 뜻을 나타내는 말.
'위'와 쌍을 이루어 '아래'를 뜻하는 낱말이 있으면 '윗'을 써요.

✎ 쓰기 | 윗 | 도 | 리 |

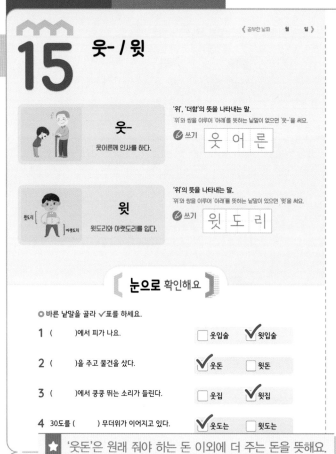

[눈으로 확인해요]

◎ 바른 낱말을 골라 ✓표를 하세요.

1 ( )에서 피가 나요. ☐ 웃입술 ✓ 윗입술

2 ( )을 주고 물건을 샀다. ✓ 웃돈 ☐ 윗돈

3 ( )에서 쿵쿵 뛰는 소리가 들린다. ☐ 웃집 ✓ 윗집

4 30도를 ( ) 무더위가 이어지고 있다. ✓ 웃도는 ☐ 윗도는

★ '웃돈'은 원래 줘야 하는 돈 이외에 더 주는 돈을 뜻해요.
'웃돌다'는 '어떤 정도나 기준을 넘어서다.'라는 뜻이에요.

◎ 그림을 보고, 바른 낱말을 골라 문장을 완성하세요.

1

웃니 윗니
닦는다. 아랫니
골고루

예시 | 윗 | 니 | 와 | | 아 | 랫 | 니 | 를 |
| 골 | 고 | 루 | | 닦 | 는 | 다 | . |

2
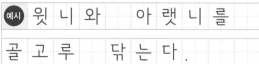

웃어른 윗어른
두 손 물건
드립니다.

예시 | 웃 | 어 | 른 | 께 | 는 | | 두 | | 손 |
| 으 | 로 | | 물 | 건 | 을 | | 드 | 립 | 니 |
| 다 | . |

72쪽 73쪽

-장이 / -쟁이

★ '-장이'는 직업이나 기술을 가진 사람을 뜻할 때 붙여요.

-장이
대장장이가 칼을 만든다.

'그것을 직업으로 하는 사람'의 뜻을 나타내는 말.

✎ 쓰기 | 대 | 장 | 장 | 이 |

-쟁이

'그러한 성질이나 특성을 많이 가진 사람'의 뜻을 나타내는 말.

✎ 쓰기 | 욕 | 심 | 쟁 | 이 |

★ '-쟁이'는 생긴 모양이나 성질, 습관, 행동 등이 독특한 사람을 뜻할 때 붙여요.

[눈으로 확인해요]

◎ 바른 낱말을 골라 ✓표를 하세요.

1 ( )에게 옷을 맞췄다. ✓ 양복장이 ☐ 양복쟁이

2 이모는 옷을 잘 입는 ( )이다. ☐ 멋장이 ✓ 멋쟁이

3 ( )가 구두를 잘 고쳐 주었다. ✓ 구두장이 ☐ 구두쟁이

4 동생은 장난을 좋아하는 ( )이다. ☐ 개구장이 ✓ 개구쟁이

★ '양복장이'는 옷을 만드는 일을 하는 사람을 뜻해요. '구두장이'는 구두를 만들거나 고치는 일을 하는 사람을 뜻해요.

◎ 그림을 보고, 바른 낱말을 골라 문장을 완성하세요.

1

가구장이 가구쟁이
박는다.
나무 못

예시 | 가 | 구 | 장 | 이 | 가 | | 나 | 무 | 에 |
| 못 | 을 | | 박 | 는 | 다 | . |

2

겁장이 겁쟁이
펑펑 동생 보고
울었다. 주사기

예시 | 겁 | 쟁 | 이 | | 동 | 생 | 은 | | 주 |
| 사 | 기 | 를 | | 보 | 고 | | 펑 | 펑 |
| 울 | 었 | 다 | . |

◎ 바른 낱말을 골라 ✓표를 하세요.

1 이모는 학생들에게 바이올린을 ✓가르친다. ☐가리킨다.

2 시곗바늘이 몇 시를 ☐가르치고 ✓가리키고 있지?

3 야구와 축구는 규칙이 ✓다르다. ☐틀리다.

4 맞춤법이 ☐다른 ✓틀린 낱말을 고쳐 쓰세요.

5 하마는 입이 ✓크다. ☐많다.

6 이 가게는 손님이 ☐커서 ✓많아서 항상 기다린다.

7 우리 가족은 ✓오랜만에 ☐오랫만에 놀이공원에 갔다.

8 ✓웃어른 ☐윗어른 을 공경합시다.

9 날씨가 더워서 ☐웃도리 ✓윗도리 를 벗었어요.

10 거짓말을 잘하는 사람을 ☐거짓말장이 ✓거짓말쟁이 라고 한다.

◎ 밑줄 친 낱말을 바르게 고쳐 쓰세요.

11 삼촌이 연 날리는 방법을 <u>가리켜</u> 주었다. → 가 르 쳐

12 선생님께서 손으로 하늘을 <u>가르치셨다</u>. → 가 리 키 셨 다

13 사과와 수박은 맛이 <u>틀리다</u>. → 다 르 다

14 쉬운 문제를 달라서 속상하다. → 틀 려 서

15 내가 가진 색연필 개수가 <u>크다</u>. → 많 다

16 친구가 <u>오랫동안</u> 소식이 없다. → 오 랫 동 안

17 <u>오랫만에</u> 큰 잔치를 벌였다. → 오 랜 만

18 <u>웃집</u>에는 사람이 안 산다. → 윗 집

19 <u>욕심장이</u>처럼 혼자 과자를 먹었니? → 욕 심 쟁 이

20 <u>대장쟁이</u>가 망치로 쇠를 두들겼다. → 대 장 장 이

74쪽
75쪽

◎ 불러 주는 말을 잘 듣고 맞춤법에 맞게 받아쓰세요.

1 윗 니 가 빠 졌 다 .

2 계 산 이 틀 리 다 .

3 덧 셈 을 가 르 치 다 .

4 읽 을 책 이 많 다 .

5 형 은 겁 쟁 이 이 다 .

6 오 랫 동 안 기 다 렸 다 .

7 웃 어 른 께 인 사 해 요 .

8 손 가 락 으 로 무 지 개 를 가 리 켰 다 .

9 쌍 둥 이 도 성 격 이 서 로 다 르 다 .

10 우 리 는 오 랜 만 에 영 화 를 보 았 다 .

76쪽
77쪽

♻ 어려운 글자나 틀린 글자를 연습해요.

17 설거지 / 며칠　건드리다 / 드러나다

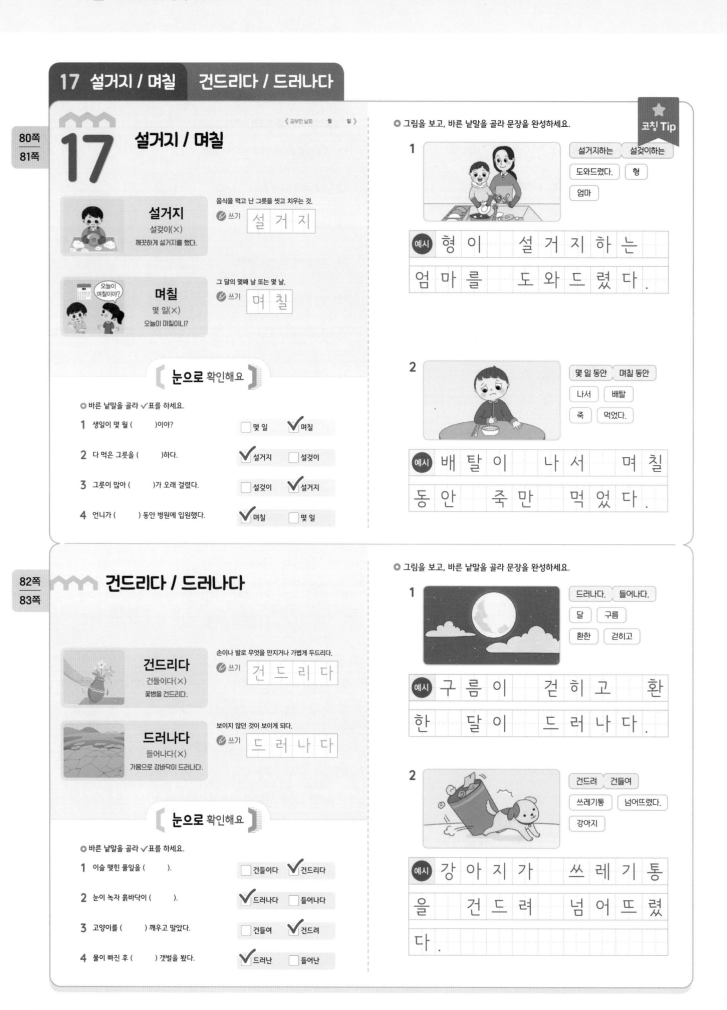

17 설거지 / 며칠

《 공부한 날짜　월　일 》

설거지
설겆이(×)
깨끗하게 설거지를 했다.

음식을 먹고 난 그릇을 씻고 치우는 것.
✏️쓰기 | 설 | 거 | 지 |

며칠
몇 일(×)
오늘이 며칠이니?

오늘이 며칠이야?

그 달의 몇째 날 또는 몇 날.
✏️쓰기 | 며 | 칠 |

〔 눈으로 확인해요 〕

◐ 바른 낱말을 골라 ✔표를 하세요.

1 생일이 몇 월 (　　)이야?　　　☐ 몇 일　✔️ 며칠

2 다 먹은 그릇을 (　　)하다.　　✔️ 설거지　☐ 설겆이

3 그릇이 많아 (　　)가 오래 걸렸다.　☐ 설겆이　✔️ 설거지

4 언니가 (　　) 동안 병원에 입원했다.　✔️ 며칠　☐ 몇 일

◐ 그림을 보고, 바른 낱말을 골라 문장을 완성하세요.

⭐ 코칭 Tip

1
설거지하는　설겆이하는
도와드렸다.　형
엄마

예시 | 형 | 이 | | 설 | 거 | 지 | 하 | 는 |
| 엄 | 마 | 를 | | 도 | 와 | 드 | 렸 | 다 | . |

2
몇 일 동안　며칠 동안
나서　배탈
죽　먹었다.

예시 | 배 | 탈 | 이 | | 나 | 서 | | 며 | 칠 |
| 동 | 안 | | 죽 | 만 | | 먹 | 었 | 다 | . |

건드리다 / 드러나다

건드리다
건들이다(×)
꽃병을 건드리다.

손이나 발로 무엇을 만지거나 가볍게 두드리다.
✏️쓰기 | 건 | 드 | 리 | 다 |

드러나다
들어나다(×)
가뭄으로 강바닥이 드러나다.

보이지 않던 것이 보이게 되다.
✏️쓰기 | 드 | 러 | 나 | 다 |

〔 눈으로 확인해요 〕

◐ 바른 낱말을 골라 ✔표를 하세요.

1 이슬 맺힌 풀잎을 (　　).　　☐ 건들이다　✔️ 건드리다

2 눈이 녹자 흙바닥이 (　　).　✔️ 드러나다　☐ 들어나다

3 고양이를 (　　) 깨우고 말았다.　☐ 건들여　✔️ 건드려

4 물이 빠진 후 (　　) 갯벌을 봤다.　✔️ 드러난　☐ 들어난

◐ 그림을 보고, 바른 낱말을 골라 문장을 완성하세요.

1
드러나다.　들어나다.
달　구름
환한　걷히고

예시 | 구 | 름 | 이 | | 걷 | 히 | 고 | | 환 |
| 한 | | 달 | 이 | | 드 | 러 | 나 | 다 | . |

2
건드려　건들여
쓰레기통　넘어뜨렸다.
강아지

예시 | 강 | 아 | 지 | 가 | | 쓰 | 레 | 기 | 통 |
| 을 | | 건 | 드 | 려 | | 넘 | 어 | 뜨 | 렸 |
| 다 | . |

80쪽 81쪽

82쪽 83쪽

18

빈털터리 / 낭떠러지

〈 공부한 날짜　월　일 〉

빈털터리 빈털털이(X) 그 사람은 빈털터리이다.	있는 재산을 다 없애고 아무것도 가진 것이 없게 된 사람. ✎ 쓰기　빈 털 터 리
낭떠러지 낭떨어지(X) 낭떠러지라서 더 갈 수 없다.	사람이 기어오를 수 없을 만큼 아주 가파르게 기울어진 면. ✎ 쓰기　낭 떠 러 지

〔 **눈으로 확인해요** 〕

◎ 바른 낱말을 골라 ✓표를 하세요.

1 재산을 뺏겨 (　　　)가 되다.　　✓빈털터리　☐빈털털이

2 (　　　)에서 바위가 떨어졌다.　　☐낭떨어지　✓낭떠러지

3 돈을 낭비하면 (　　　)가 된다.　　☐빈털털이　✓빈털터리

4 (　　　) 근처에 가면 위험하다.　　✓낭떠러지　☐낭떨어지

◎ 그림을 보고, 바른 낱말을 골라 문장을 완성하세요.

1

빈털터리	빈털털이
부자	노력해서

되었다.

예시　빈 털 터 리 가　노 력 해
서　부 자 가　되 었 다 .

2

낭떠러지	낭떨어지
위	보였다.
성	오래된

예시　낭 떠 러 지　위 로　오
래 된　성 이　보 였 다 .

84쪽
85쪽

조용히 / 깨끗이

조용히 조용이(X) 버스 안에서 조용히 해야 한다.	소리가 나지 않게. 또는 시끄럽지 않게. ✎ 쓰기　조 용 히
깨끗이 깨끗히(X)	더러운 것이 없게. ✎ 쓰기　깨 끗 이

★ '-이'와 '-히'가 헷갈리는 낱말로 '틈틈이',
'일찍이', '열심히', '꼼꼼히' 등도 있어요.

〔 **눈으로 확인해요** 〕

◎ 바른 낱말을 골라 ✓표를 하세요.

1 방을 (　　　) 정리했다.　　✓깨끗이　☐깨끗히

2 복도에서 (　　　) 걸었다.　　✓조용히　☐조용이

3 운동화를 (　　　) 빨았다.　　☐깨끗히　✓깨끗이

4 선생님 말씀을 (　　　) 듣다.　　☐조용이　✓조용히

◎ 그림을 보고, 바른 낱말을 골라 문장을 완성하세요.

1

조용이	조용히
책	도서관

읽습니다.

예시　도 서 관 에 서　조 용 히
책 을　읽 습 니 다 .

2

깨끗이	깨끗히
세수했다.	아침
일어나	

예시　아 침 에　일 어 나　깨
끗 이　세 수 했 다 .

86쪽
87쪽

19 거야 / -ㄹ게

《 공부한 날짜　　월　　일 》

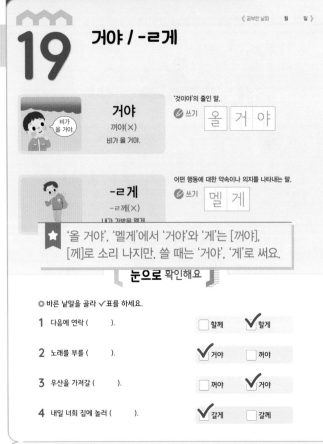

거야

꺼야(X)

비가 올 거야.

'것이야'의 줄인 말.

✏ 쓰기　올 거 야

-ㄹ게

-ㄹ께(X)

내가 가방을 멜게.

어떤 행동에 대한 약속이나 의지를 나타내는 말.

✏ 쓰기　멜 게

★ '올 거야', '멜게'에서 '거야'와 '게'는 [꺼야], [께]로 소리 나지만, 쓸 때는 '거야', '게'로 써요.

눈으로 확인해요

◎ 바른 낱말을 골라 ✓표를 하세요.

1 다음에 연락 (　　). □할께 ✓할게

2 노래를 부를 (　　). ✓거야 □꺼야

3 우산을 가져갈 (　　). □꺼야 ✓거야

4 내일 너희 집에 놀러 (　　). ✓갈게 □갈께

◎ 그림을 보고, 바른 낱말을 골라 문장을 완성하세요.

1

다닐 거야.	다닐 꺼야.
나	여행
커서	많이

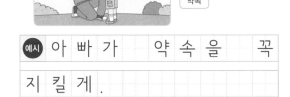

예시 | 나 | 는 | | 커 | 서 | | 여 | 행 | 을 |
| 많 | 이 | | 다 | 닐 | | 거 | 야 | . |

2

| 지킬게. | 지킬께. |
| 아빠 | 꼭 |
| 약속 |

예시 | 아 | 빠 | 가 | | 약 | 속 | 을 | | 꼭 |
| 지 | 킬 | 게 | . |

기다란 / 나는

88쪽
89쪽
90쪽
91쪽

기다란

길다란(X)

목이 기다란 기린

꽤 긴.

✏ 쓰기　기 다 란

나는

날으는(X)

하늘을 나는 슈퍼맨

공중에 떠서 어떤 방향으로 움직이는.

✏ 쓰기　나 는

눈으로 확인해요

◎ 바른 낱말을 골라 ✓표를 하세요.

1 (　　) 머리카락을 잘랐다. ✓기다란 □길다란

2 하늘을 (　　) 갈매기를 봤다. □날으는 ✓나는

3 저기 높이 (　　) 연이 내 거야. ✓나는 □날으는

4 놀이 기구 앞에 (　　) 줄이 있었다. □길다란 ✓기다란

◎ 그림을 보고, 바른 낱말을 골라 문장을 완성하세요.

1

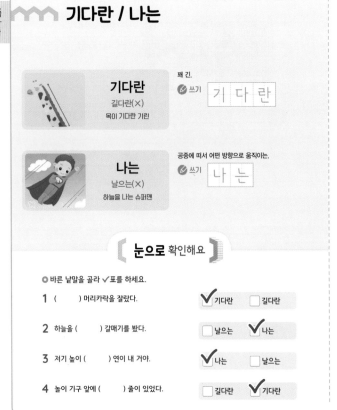

기다란	길다란
물	코끼리
코	뿜었다.

예시 | 코 | 끼 | 리 | 가 | | 기 | 다 | 란 |
| 코 | 로 | | 물 | 을 | | 뿜 | 었 | 다 | . |

2

| 날으는 | 나는 |
| 꿈 | 형 | 하늘 |
| 비행사이다. |

예시 | 형 | 의 | | 꿈 | 은 | | 하 | 늘 | 을 |
| 나 | 는 | | 비 | 행 | 사 | 이 | 다 | . |

◎ 바른 낱말을 골라 ✓표를 하세요.

1 엄마가 부엌에서 ✓설거지 ☐설겆이 를 하셨다.

2 비가 ☐몇 일 ✓며칠 동안 계속 내렸다.

3 내 그림을 ✓건드리지 ☐건들이지 말아 줄래?

4 옷소매를 걷어 올리자 팔목이 ✓드러났다. ☐들어났다.

5 돈을 펑펑 써서 ✓빈털터리 ☐빈털털이 가 됐다.

6 ✓낭떠러지 ☐낭떨어지 아래로 맑은 강이 흐른다.

7 말소리가 너무 크니 ☐조용이 ✓조용히 말해라.

8 ✓깨끗이 ☐깨끗히 세탁한 옷을 입었다.

9 약속을 꼭 지킬 ✓거야! ☐꺼야!

10 하늘을 훨훨 ✓나는 ☐날으는 꿈을 꿨다.

◎ 밑줄 친 낱말을 바르게 고쳐 쓰세요.

11 누나와 내가 설겆이를 같이 했다. | 설 거 지 |

12 우리가 만나기로 한 날이 몇 일이지? | 며 칠 |

13 활짝 웃자 하얀 이가 들어났다. | 드 러 났 다 |

14 동생이 내 인형을 건들었다. | 건 드 렸 다 |

15 돈 한 푼 없는 빈털털이가 되었다. | 빈 털 터 리 |

16 자동차가 낭떨어지 아래로 떨어질 것 같다. | 낭 떠 러 지 |

17 책상 위를 깨끗히 치웠다. | 깨 끗 이 |

18 교실에서는 조용이 하자! | 조 용 히 |

19 늦어서 먼저 집에 갈께. | 갈 게 |

20 길다란 나무 막대기를 주웠다. | 기 다 란 |

◎ 불러 주는 말을 잘 듣고 맞춤법에 맞게 받아쓰세요.

1 설거지를 돕다.

2 빈털터리가 됐다.

3 공부를 할 거야.

4 조용히 노는 아이

5 낭떠러지를 조심해.

6 손을 깨끗이 씻자.

7 보름달이 드러난 밤

8 며칠 동안 날씨가 따뜻했다.

9 하늘을 나는 새를 쳐다보았다.

10 고양이가 공을 건드리며 놀고 있다.

✏ 어려운 글자나 틀린 글자를 연습해요.

실력 확인

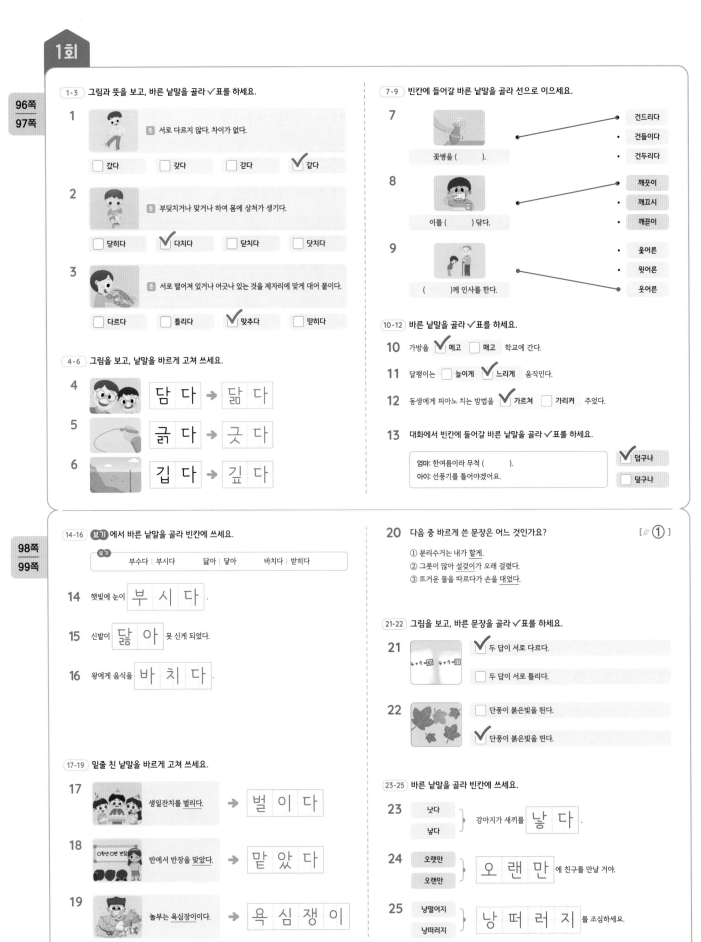

1-3 그림과 뜻을 보고, 바른 낱말을 골라 ✓표를 하세요.

96쪽
97쪽

1
뜻 서로 다르지 않다. 차이가 없다.

☐ 갔다 ☐ 갖다 ☐ 갇다 ✓ 같다

2
뜻 부딪치거나 맞거나 하여 몸에 상처가 생기다.

☐ 닫히다 ✓ 다치다 ☐ 닫치다 ☐ 닷치다

3
뜻 서로 떨어져 있거나 어긋나 있는 것을 제자리에 맞게 대어 붙이다.

☐ 다르다 ☐ 틀리다 ✓ 맞추다 ☐ 맞히다

4-6 그림을 보고, 낱말을 바르게 고쳐 쓰세요.

4 담 다 → 닮 다

5 긁 다 → 긋 다

6 깁 다 → 깊 다

7-9 빈칸에 들어갈 바른 낱말을 골라 선으로 이으세요.

7 꽃병을 ( ).
• 건드리다
• 건들이다
• 건두리다

8 이를 ( ) 닦다.
• 깨끗이
• 깨끄시
• 깨끈이

9 ( )께 인사를 한다.
• 웃어른
• 윗어른
• 웃어른

10-12 바른 낱말을 골라 ✓표를 하세요.

10 가방을 ✓ 메고 ☐ 매고 학교에 간다.

11 달팽이는 ☐ 늘이게 ✓ 느리게 움직인다.

12 동생에게 피아노 치는 방법을 ✓ 가르쳐 ☐ 가리켜 주었다.

13 대화에서 빈칸에 들어갈 바른 낱말을 골라 ✓표를 하세요.

> 엄마: 한여름이라 무척 ( ).
> 아이: 선풍기를 틀어야겠어요.

✓ 덥구나
☐ 덥구나

14-16 보기 에서 바른 낱말을 골라 빈칸에 쓰세요.

98쪽
99쪽

> 보기 부수다 | 부시다   닳아 | 닿아   바치다 | 받히다

14 햇빛에 눈이 부 시 다 .

15 신발이 닳 아 못 신게 되었다.

16 왕에게 음식을 바 치 다 .

17-19 밑줄 친 낱말을 바르게 고쳐 쓰세요.

17 생일잔치를 벌리다. → 벌 이 다

18 반에서 반장을 맞았다. → 맡 았 다

19 놀부는 욕심장이이다. → 욕 심 쟁 이

20 다음 중 바르게 쓴 문장은 어느 것인가요? [✏ ①]

① 분리수거는 내가 할게.
② 그릇이 많아 설겆이가 오래 걸렸다.
③ 뜨거운 물을 따르다가 손을 대었다.

21-22 그림을 보고, 바른 문장을 골라 ✓표를 하세요.

21
✓ 두 답이 서로 다르다.
☐ 두 답이 서로 틀리다.

22
☐ 단풍이 붉은빛을 띈다.
✓ 단풍이 붉은빛을 띤다.

23-25 바른 낱말을 골라 빈칸에 쓰세요.

23 낫다 / 낳다 } 강아지가 새끼를 낳 다 .

24 오랫만 / 오랜만 } 오 랜 만 에 친구를 만날 거야.

25 낭떨어지 / 낭떠러지 } 낭 떠 러 지 를 조심하세요.

100쪽
101쪽

102쪽
103쪽

1-3 그림과 뜻을 보고, 바른 낱말을 골라 ✓표를 하세요.

1

🌷 가까이 가서 맞붙다.

✓ 닿다 ☐ 닫다 ☐ 닳다 ☐ 닷다

2

3+3=6

🌷 틀리지 않다. 서로 어긋나지 않고 같다.

☐ 맛다 ☐ 맏다 ✓ 맞다 ☐ 맑다

3

🌷 손톱이나 뾰족한 것으로 바닥이나 겉을 문지르다.

☐ 긋다 ✓ 긁다 ☐ 귿다 ☐ 극따

4-6 그림을 보고, 낱말을 바르게 고쳐 쓰세요.

4 메 다 ➡ 매 다

5 덥 다 ➡ 덮 다

6 느 리 다 ➡ 늘 이 다

7-9 빈칸에 들어갈 바른 낱말을 골라 선으로 이으세요.

7 목이 ( ) 기린

· 길다란
· 기다란
· 길따란

8 퀴즈 정답을 ( ).

· 맏히다
· 맞추다
· 맞히다

9 그 사람은 ( )이다.

· 빈털터리
· 빈털털이
· 빈털털히

10-12 바른 낱말을 골라 ✓표를 하세요.

10 교실에서 음악 소리가 ✓ 들리다. ☐ 들르다.

11 이웃집의 빨간 지붕이 눈에 ✓ 띤다. ☐ 띈다.

12 나는 소원이 이루어지기를 간절히 ✓ 바랐다. ☐ 바랬다.

13 대화에서 빈칸에 들어갈 바른 낱말을 골라 ✓표를 하세요.

민하: 오늘이 몇 월 ( )이지?
푸름: 8월 13일이야.

☐ 몇일
✓ 며칠

14-16 보기 에서 바른 낱말을 골라 빈칸에 쓰세요.

보기 닳다 | 담다 낫다 | 낳다 드러나다 | 들어나다

14 상자에 물건을 담 다 .

15 약을 먹고 감기가 낫 다 .

16 구름이 걷히고 달이 드 러 나 다 .

17-19 밑줄 친 낱말을 바르게 고쳐 쓰세요.

17 바람에 문이 다치다. ➡ 닫 히 다

18 형이 동생보다 나이가 크다. ➡ 많 다

19 버스에서는 조용이 해야 한다. ➡ 조 용 히

20 다음 중 바르게 쓴 문장은 어느 것인가요? [✎ ③]

① 하늘을 날으는 꿈을 꿨다.
② 오늘은 열심히 공부할 꺼야.
③ 지수는 손가락으로 자전거를 가리켰다.

21-22 그림을 보고, 바른 문장을 골라 ✓표를 하세요.

21 4 + 7 = 10

☐ 답이 다르다.
✓ 답이 틀리다.

22

☐ 입을 크게 벌였다.
✓ 입을 크게 벌렸다.

23-25 바른 낱말을 골라 빈칸에 쓰세요.

23 부수다 / 부시다

돌을 작게 부 수 다 .

24 같고 / 갖고

친구와 함께 장난감을 갖 고 놀았다.

25 웃도리 / 윗도리

윗 도 리 에 아이스크림이 묻었다.

memo

빠른 정답을 펼쳐 놓고,
정답을 확인하면 편리합니다.

완자
공부력
빠른 정답

맞춤법 바로 쓰기 **2A**

정답
QR 코드

빠른 정답을 펼쳐 놓고,
정답을 확인하면 편리합니다.

01	10쪽	1 같다 2 갖다 3 갖고 4 같은
	12쪽	1 깊다 2 깁다 3 기워 4 깊은
02	14쪽	1 낫다 2 낫다 3 낮고 4 나은
	16쪽	1 늘이다 2 느리다 3 느리게 4 늘여
03	18쪽	1 닫히다 2 다치다 3 닫힌 4 다쳤어
	20쪽	1 담다 2 닮다 3 담아 4 닮았다
04	22쪽	1 덥다 2 덮다 3 더워 4 덮고
	24쪽	1 띠다 2 띠다 3 띤 4 띠는
05	26쪽	1 맞다 2 맡다 3 맞아서 4 맡고
	28쪽	1 바치다 2 받히다 3 받혀서 4 바치고
06	30-31쪽	1 같다. 2 깁고 3 낮고 4 느리다. 5 다친 6 담아 7 덥다. 8 띤 9 맞는 10 받힌 11 갖고 12 깊고 13 낫다 14 늘이며 15 닫혀서 16 닮은 17 덮고 18 띠었다 19 맡게 20 바쳤다
07	36쪽	1 긋다 2 긁다 3 긁어 4 그어요
	38쪽	1 낫다 2 낳다 3 나았어 4 낳았니
08	40쪽	1 닳다 2 닿다 3 닳았다 4 닿도록
	42쪽	1 대다 2 데다 3 대어 4 데었다
09	44쪽	1 들리다 2 들르다 3 들러 4 들려서
	46쪽	1 맞히다 2 맞추다 3 맞춰 4 맞혀
10	48쪽	1 매다 2 메다 3 메고 4 매어
	50쪽	1 바래다 2 바라다 3 바라 4 바랜
11	52쪽	1 벌리다 2 벌이다 3 벌려 4 벌이고
	54쪽	1 부수다 2 부시다 3 부셔 4 부숴
12	56-57쪽	1 긋다. 2 낳고 3 닳아서 4 대고 5 들리자 6 맞춰 7 메고 8 바라고 9 벌려 10 부서서 11 긁고 12 낫지 13 닿는다 14 데어 15 들르다 16 맞혀서 17 맸다 18 바랬어요 19 벌이다 20 부수고
13	62쪽	1 가르치다 2 가리키다 3 가리킨다 4 가르쳐
	64쪽	1 틀리다 2 다르다 3 다른 4 틀려서
14	66쪽	1 크다 2 많다 3 커서 4 많은
	68쪽	1 오랫동안 2 오랜만 3 오랫동안 4 오랜만
15	70쪽	1 윗입술 2 웃돈 3 윗집 4 웃도는
	72쪽	1 양복장이 2 멋쟁이 3 구두장이 4 개구쟁이
16	74-75쪽	1 가르친다. 2 가리키고 3 다르다. 4 틀린 5 크다. 6 많아서 7 오랜만에 8 웃어른 9 윗도리 10 거짓말쟁이 11 가르쳐 12 가리키셨다 13 다르다 14 틀려서 15 많다 16 오랫동안 17 오랜만 18 윗집 19 욕심쟁이 20 대장장이
17	80쪽	1 며칠 2 설거지 3 설거지 4 며칠
	82쪽	1 건드리다 2 드러나다 3 건드려 4 드러난
18	84쪽	1 빈털터리 2 낭떠러지 3 빈털터리 4 낭떠러지
	86쪽	1 깨끗이 2 조용히 3 깨끗이 4 조용히
19	88쪽	1 할게 2 거야 3 거야 4 갈게
	90쪽	1 기다란 2 나는 3 나는 4 기다란
20	92-93쪽	1 설거지 2 며칠 3 건드리지 4 드러났다. 5 빈털터리 6 낭떠러지 7 조용히 8 깨끗이 9 거야! 10 나는 11 설거지 12 며칠 13 드러났다 14 건드렸다 15 빈털터리 16 낭떠러지 17 깨끗이 18 조용히 19 갈게 20 기다란
실력 확인 1회 96-99쪽		1 같다 2 다치다 3 맞추다 4 닮다 5 긋다 6 깊다 7 건드리다 8 깨끗이 9 웃어른 10 메고 11 느리게 12 가르쳐 13 덥구나 14 부시다 15 닳아 16 바치다 17 벌이다 18 맡았다 19 욕심쟁이 20 ① 21 두 답이 서로 다르다. 22 단풍이 붉은빛을 띤다. 23 낳다 24 오랜만 25 낭떠러지
실력 확인 2회 100-103쪽		1 닳다 2 맞다 3 긁다 4 매다 5 덮다 6 늘이다 7 기다란 8 맞히다 9 빈털터리 10 들리다. 11 띤다. 12 바랐다. 13 며칠 14 담다 15 낫다 16 드러나다 17 닫히다 18 많다 19 조용히 20 ③ 21 답이 틀리다. 22 입을 크게 벌렸다. 23 부수다 24 갖고 25 윗도리